大夏书系·教育人生

通往卓越
——一个深圳校长的教育人生

张云鹰 著

华东师范大学出版社
ECNUP
全国百佳图书出版单位

目 录

序一　一位校长的口述史 / 顾明远　　1
序二　鹰翔云上 / 王跃文　　3

上篇　警予之魂　底色一生

淑水河畔　警予故里　　2
运命之间　亦悲亦幸　　7
家学深厚　书香稚心　　12
眷顾之情　温暖一生　　17
回忆小学　感恩童年　　22
警予感召　誓为人师　　30
芷江师范　教育起点　　36
中师生涯　幸遇良师　　43
青春正好　同窗情深　　47
回望芳华　亦苦亦甜　　56

中篇　角色多元　执我所爱

毕业分配	风波突起	62
世无绝境	心安则定	68
城郊中学	煤油灯下	73
中学小学	退守向前	78
五年之短	前路之长	87
借父之手	助力教学	95
杏坛新人	不负良机	101
乡村支教	重返中学	106
进电视台	登大舞台	113
专职教研	勇创先河	120

下篇　长空任飞　道阻何妨

婚姻变故　砥砺前行	128
启帆南下　得宝而安	136
初到沙井　锐意改革	144
培训导师　创新业绩	150
"三格"模式　自成体系	155
授课结友　行走四方	161
竞聘校长　勇争第一	167
百年老校　破旧立新	173
萌芽"开放"　潜心践行	177
创始新校　梦重启航	184
形蕴"开放"　塑校之魂	189
神聚师心　立校之本	196
生命配方　精进"开放"	203
国际对话　内外交流	209
八年探索　价值彰显	217

后记　冷言暖世／张云鹰

序一

一位校长的口述史

现在提倡写口述史,我觉得口述史比正史更能反映一个时代的风貌。记录活生生的事实,话说自己的故事,既能引起同龄人的回忆,又能让年轻人了解历史,以史为鉴,砥砺前行。张云鹰这部《通往卓越——一个深圳校长的教育人生》,就是一位校长的口述史。她以第一人称的方式讲述从幼年到一位优秀校长的成长经历,讲述了她的人生和教育生涯。

幼年时,她因偶然的机会随父母住进了中国革命先烈向警予的故居,随后又进入警予学校学习,无形中受到了革命的启蒙。青年时,她考入师范学校,后来又续读大学本科,毕业后成为一位教师。她一生多经磨难,但坚忍不拔,矢志不渝,忠于教育事业,终于成为一位优秀教师和知名校长。

她在书中用了很大篇幅叙述她的人生经历,她的人生经历和时代的发展紧密相连,但又遭遇到许多不幸,充满了波折与选择的艰辛。她凭着韧性、毅力和坚强的性格,克服了艰难险阻,特别是找到了人生的归宿——对教育的爱,从而走出阴影,走向充满阳光的教育大地。

她在书中生动地讲述了她的教育故事。从一位中学教师到小学教师、从长沙到深圳、从普通教师到小学校长。她的选择是什么?是对爱的教育的追求。我们从她朴实深情的娓娓叙述中，不仅看到一个不平常的女子成长的故事，而且也窥探到她从一位普通教师如何成长为一位优秀的实践教育家。

2006年，我曾到过她当校长的深圳市宝安区西乡街道中心小学（现改名为西湾小学），优美的校园环境、活泼可爱的学生给我留下了深刻的印象。当时，她跟我讲述了"开放式教育"的理念，以及立志要培养学生具有"国际视野"的理想。2011年，她调去了一所新学校——宝安区坪洲小学任校长，又请我为学校题写校名和校训。她的愿望是办一所"有灵魂"的学校。学校的灵魂是什么？就是爱！

她满怀对教育的爱，对孩子的爱。她不断思索：什么叫真正的爱？什么样的教育最适合学生？什么样的办学管理最适合教师？什么样的学校是大家心目中理想的学校？她倡导开放式教育理念，核心就是"为了孩子心灵的解放""教师的解放"，就是让孩子幸福地生活，健康地成长；让教师愉快地教学，幸福地发展。在她的校园里，孩子们活泼主动地学习，处处洋溢着欢乐的氛围。

张云鹰校长的这部教育口述史，没有教条，没有口号，讲述的都是她经历的故事以及学校里发生的种种趣事，内容丰富，语言生动，图文并茂。我视力虽已严重衰退，却饶有兴趣地将本书读了下来。相信读者也会从中得到某种启迪。为此写这几句，是为序。

（北京师范大学资深教授、
国家教育咨询委员会委员、中国教育学会名誉会长）
2019年5月20日

序二

鹰翔云上

教育界知名人士张云鹰女士出版新书《通往卓越——一个深圳校长的教育人生》，嘱我作序。云鹰是我多年的好友，能为她的新书写几句实在话，实在是我的荣幸。

这本书是关于云鹰从小到大一路走来的故事。她讲述的个人故事同近几十年国家砥砺前行的艰难历程同步，故此，这本书也可以看作云鹰一个人的当代史。

湘地山水美，湘人嗜辣，肯干，做什么事都有股子韧劲。我与云鹰交往数十年，彼此都十分了解。她虽已移居深圳20余年，但身上依然保留着湘妹子的禀赋，襟怀高远，奋斗不止。用湖南方言说，她是很"霸蛮"的。她一直都那么活力满满，对生命、对未知、对所从事的教育事业满怀热情。她选择了自己热爱的教育职业，就从未有过懈怠，更不生半丝悔意。她把这份热爱化作永不枯竭的能量，像阳光一样明亮有力，照耀她所喜爱的一切事物。平心而论，她的人生经历是相当曲折的，她为事业的拼搏亦是相当艰辛的，但她留给我的印象总是那么阳光。

云鹰的身世很让人感慨。她三岁时被养父母从长沙抱到溆浦养育，至今不知道生身父母姓甚名谁。这是人生的隐痛，我过去从未听她说起过。她很早就隐约知道自己的身世是个谜，但她在养父母面前始终极其孝顺。云鹰对此的坦然与豁达，让我敬佩，正如她在书中写道：

> 我觉得人在这个世界上走一遭，其实就是把自己几十年的人生，走得愉快一点，走得有追求一些，做点自己想做的事情就好。即便血脉至亲，也不是要面临山河岁月相隔的结局吗？所以我从哪里来，要到哪里去，倒不是最重要的事情了。

云鹰的乐观和大气，以及追求事业之执著，为很多男子所不及。这也是她今天能取得如此成就的原因。云鹰，正像她的名字所示，恰如一只翱翔云天之上的鹰，目光比常人高远。早在1980年代，她就开始在她的教育良田上"实验"：用五年的时间完成小学六年的学习任务，并把她的学生一直送到初中。其中教育教学的细节感受，我是无从体会的。那时候，很多人的观念并没有及时跟上改革开放的节拍，惯性和积习让他们或者观望徘徊，或者故步自封。我也是师范院校毕业的，但因"弃教从文"，无法想象在当时较闭塞的环境中，她是怎么有如此"实验"的想法的，的确是难能可贵的，且实验效果甚好，让她成了当地教育界的名人。

1997年，正值香港回归，云鹰去了改革开放的前沿阵地——深圳。她的选择看似机缘巧合，或者有些误打误撞，其实从生命中不为人知的隐秘来看，又是必然的。她的开拓精神，她的果敢气魄，她的创新胆略，都和深圳这座城市的气质非常契合。可以说，中国教育未来的改革，需要的也是她身上的这种品质。

深圳是块可以做到人尽其才的事业开拓地。在这里，云鹰的才华有了发展的空间，她身上湘人踏实能干的作风也得到了肯定。但她走过的路也并不那么平坦、顺畅。其中的故事，她在这本书里讲得生动之极，叫人读来不免感叹唏嘘。

云鹰走过的路并不是步步轻松的，有时候她的步履也十分艰难。但她总能举重若轻，尽量把身上的包袱减到最轻。当年迫使她从溆浦县调到怀化地区教委，又从怀化走向深圳，说起来一言难尽，是"孔雀东南飞"也好，是家庭变故也罢，但在我看来很简单：她是一只鹰，命运就是远走高飞。当然，这是我的文学化表述。说得理性些，其实是一个具有开放思维品格的人，和逼仄的人文环境不相适应。忍耐或是出走？云鹰的选择肯定是出走。

初到深圳时，云鹰对自己的前途并没有宏观的、长远的规划。她知道那里有很多新创办的民办学校，即使再不济，一所学校一所学校地教下来，自己的教育人生也能走完。所以，在最坏的打算下，做最好的事业，也未尝不可能。何况有些人身上的光芒，在任何时候、任何环境中，都会散发出来，无法遮蔽。

深圳是座开放包容的城市，有机会让她的"开放式教育"一步步完善，一点点成熟，她的教育之路越走越宽阔。鲜花掌声之外的她，依然是一副热情饱满的样子，她有更多的事情要做，有更多的心愿要完成。

自然有一年四季的轮换，而我总觉得云鹰的世界里只有生机盎然的春天，她永远都在萌发新的念头、做新的事情、拓展新的领域。

云鹰出版过一系列"开放式教育"的书，印象最深的是她写的一篇散文《阅读美国城市》，见解理性而深刻，气象开阔。我那时候就想，也许云鹰出版一本有关她个人成长的书，会比这篇文章更精彩。现在，她真的写了一本这样的书。

这本类似个人传记的书，她一改过去的文风，理性的背后展现了她少有的感性的一面，让人了解到一位教育者一步步走来的点点滴滴。我更从这本书里读到了她对原乡故土的热爱，对故旧亲朋的深情。

我和云鹰都忙碌在各自的城市，但每每有相见的机会，彼此都不愿错过。记得2017年1月，我到深圳出差，正值长篇小说《爱历元年》刚出版。我给云鹰赠书时，她问我要一幅字。我写了几幅，她毫不犹豫地挑选了"建安诗骨，蓬莱文章"这幅，她说自己很喜欢李白"蓬莱文章建安骨"一句，更喜欢诗人当年的豪情怡兴、神思飞跃。我想，她骨子里是个诗人。

云鹰对我说，这本书的原名是"鹰翔云上"，她很得意于将自己的名字巧用于书名。但是由于种种原因未能如愿。我笑道，那就把原来的书名借我作序文题目吧。

云天之上，有鹰翱翔。我会一直默默地祝福云鹰，愿她越飞越高远。

王跃文

（湖南省作家协会主席、著名作家）

2019年3月28日

献给生我养我的湖南乡土
献给接纳我成就我的深圳热土

上篇 警予之魂 底色一生

　　1895年，溆水河畔的一座四合院里，向警予诞生。这位著名革命家、教育家，少时即怀"妇女解放"和"教育救国"的大志，毕业后创办溆浦女校，鼓励女性读书，为1920年代的中国女子教育作出了卓越贡献。

　　1967年，一对普通的干部夫妻，带着三岁的女儿张云鹰搬入向警予故居。女孩懵懂无知，满眼好奇。

　　这两个似乎并无关联的女性，在历史长卷中，将产生怎样超时空的风云际会？

溆水河畔　警予故里

> 美哉，庐山之下溆水滨，我校巍巍耸立当其前。
> 看呀，现在正是男女平等，
> 天然的淘汰，触目惊心。
> 愿我同学做好准备，
> 为我女界啊大放光明。
>
> ——《溆浦女校校歌》

这是著名革命家、教育家向警予为自己亲手创建的溆浦女校写的校歌。在1920年代女性地位、受教育程度皆非常低下的形势下，这种亲力实践与振臂高呼，对于中国教育发展来说，其可贵与可敬，实足为后世所崇。

仔细算来，我在教育道路上已跋涉38年，似是弹指一挥间，已从籍籍无名的普通教师，成长为广东省第一批首个正高级小学语文教师、语文特级教师、全国优秀校长、广东省劳动模范、深圳市高级人才，始立"开放式教育"体系并取得了一些成绩。如果真能算得上在教育领域有一些成就的话，那向警予对我的影响，对我的精神指引，是不得不提的。

1967年，父母抱养了三岁的我之后，就举家搬进了一座瓦舍青堂的四合院，那里正是向警予的故居。

在湘西碧水群山之间，这座四合院安静而古朴，幼时的我就在懵懵懂懂之中，和当年在溆浦乃至全国叱咤风云的向警予，有了穿越时空的交集。她当年读书、休息、嬉闹玩耍的地方，经历岁月的风霜洗礼之后，还保留着原有的灵气与韵味。

懂事后的我，在周遭人的盛赞中，在周遭人充满深情的描述中，知道我们所居住的地方，曾经有位伟大的女性生活过。有时候伴随着油然而生的崇拜之情，看着院子里的晨辉夕照，我常常会幻想她生活在这里的场景，试图追寻她留下的哪怕一丝一毫的痕迹。

而她所传递给我的精神力量，更是我一生最为宝贵的财富，是支撑我之后作出种种选择而始终不忘教育初心的强大动力。

她的一生，短暂而光芒四射。本着救国的初心，以教育为基本着力点，在求索之路上经历一波三折，却矢志不渝，努力前行，直至生命结束。

1895年9月4日，向警予出生，因为排行第九，她的父母就给她取了一个乳名"九九"，后取学名俊贤。向警予的父亲向瑞龄是我们当地一位有名的商人，其家境相当殷实。向瑞龄虽是商人，但思想认识比一般人要高；他不是社会学家，但对于当时的时代形势和家国命运，也有一定见解。他觉得应该抛弃一些老的传统，要有破旧立新的意识——支持女儿读书就是一种了不起的举动。要知道在那个年代，别

向警予故居。右为少年时期的张云鹰在四合院

说读书了，女孩子抛头露面都会引起非议。

向警予出生时，正是清政府签订《马关条约》的那一年。之前轰轰烈烈的洋务运动，以及所谓的"同光中兴"，在入侵者的炮火中原形毕露。山河破碎的局面，让很多有志之士把目光聚焦到教育上，他们意识到不从教育上培养人才，便无以谈革新与救国。所以，全国陆陆续续建立新式学堂。

向警予八岁那年，溆浦当地开办了一所新式学校，允许女孩子入学。这对她来说，自然是一次难得的接受教育的好时机。在大哥向先钺的支持下，向警予第一个报名上学，她的入学，在小小的县城开了先河——女子入校读书第一人。所以，好的教育，肯定来自父母开阔的视野。从这个角度来说，向警予生在一个不幸的时代，但生活在一个非常开明、重视教育的幸福家庭。

新式学校以全新的方式开展教育，无论是文化知识还是思维方式上，向警予都获得了新的进步。在家庭熏染中，在学校的学习中，她树立了改变教育、改变女性地位、改变中国的远大抱负。15岁那年，她和作家丁玲的母亲余曼贞等人结拜为姐妹，其结拜誓言里就有"振奋女子志气，励志读书，男女平等，图强获胜，以达教育救国之目的"的话语。

1916年夏天，21岁的向警予从周南女校顺利毕业，教育救国的想法越来越强烈，这也激励她毅然回到家乡创办溆浦女校。据记载："这位年纪轻轻的校长，从县城出发，带着包袱雨伞，顶着烈日、冒着大雨，足迹踏遍了溆浦县3000多平方公里的土地。在向警予的奔走呼喊下，当地很多人纷纷送女孩子上学。"其中的艰辛和困难可想而知。据说即便是那些送女孩上学的家长，后来也有反悔的，又到学校把孩子领回家。

当我追溯这些历史事件的时候，常常想：一个人做一件事，不付出真心真情，不付出艰辛努力，是不可能达到目的的。试想，封建社会对女性的长期禁锢，在当时的社会思想条件下，创办学校也许容易，但让女孩子上学是多么艰难的事情！一女子为此奔走呼号更是难上加难的事情！

1918年，向警予的一位挚友因为家长逼婚而自尽。这位好友跟向警予情同姐妹，但在封建家长制之下，黯然凋零于花样年华，怎不让人痛彻心扉？她的去世，让向警予陷入了更深的思考中：仅仅从教育入手改变，是否能真正改变人们的观念？是否能真正实现男女平等？是否能真正改变中国的命运?于是,她又作出了重大的抉择:出国留学,向西方学习先进思想,探求救国之道。

这次选择,是她生命探索的一个节点,也是促成她作出下一个选择的契机。清醒的认识让她在该作改变的时候从不犹豫且能正确选择,这也是她身上我非常欣赏、对我影响最大的一点。其实人生就是在一个又一个选择中曲折前行,而每一个选择后面的艰难困苦也必然是常态,不怕选择,敢于选择,有超越与战胜艰难的心态才是最重要的。在我几十年的职业生涯中,"选择"是一个频繁出现的词汇,也是我一步步走到现在的推动力。

接着再来说说向警予人生的第二大重要选择。现在看来,这是她把救国寄托于学习西方的希望破灭后的一次选择,也是转而彻底投向马克思主义的一次选择。

在与孙中山面谈之后,带着对西方文明的向往和期待,向警予于1919年12月登上了驶向法国的轮船。不说别的,伏尔泰、孟德斯鸠、卢梭等启蒙思想家的光芒,就足以让这个来自东方的求知女孩满怀憧憬。然而,当真正接触到法国的真实情况以后,向警予的内心却极为失落。

20世纪上半叶的法国,表面光鲜亮丽、民主强大,事实上各种社会问题和社会矛盾非常严重,所谓的民主制度并不能真正解决这些问题。而那些宣扬慈悲、仁爱的政客们,也并非言行一致。《悲惨世界》里所展现的官员与平民的对立,并非虚构。若非亲眼所见,向警予无法相信传说中的"文明社会",其实贫富悬殊,女性的生存处境比起当时的中国女性,其实也好不到哪里去。

这次亲历的对所谓文明的失望,让向警予陷入了新的思考:到底怎样的一种社会制度,才能真正解放人民?而在追寻中,她最终被马克思主义理论折服,并坚定了马克思主义信仰。在之后的岁月里,她遇到了一些志同道合的革命同行者,如毛泽东、邓小平等,并成为中国共产党创始人中的唯一女性。

1921年回国后,向警予很快便加入中国共产党,全身心投入中国革命与民族解放事业,也更进一步致力于女性解放事业的推进——这是她从一开始就确立的目标,曲折前行中从未忘却。她创办《妇女周报》,宣传妇女解放思想;创办夜校,教授文化水平不高的工人识字;聚集身处苦难之中的女工，成立相关协会。而街头宣传，振臂高呼，难与家人相聚，更是她最为普通的生活日常。遗憾的是，这样一位杰出的女性，在 1928 年不幸遇难，年仅 33 岁。

1939 年，毛泽东主席《在延安庆祝"三·八"妇女节大会上的讲话》中号召大家："要学习大革命时代牺牲了的模范妇女领袖、女共产党员向警予，她为妇女解放、为劳苦大众解放、为共产主义事业奋斗了一生。"周恩来明确指出："向警予是我党的第一个女中央委员、中央第一任妇女部长，为革命牺牲了，我们不要忘了她。"

我们同踏一方土，同饮一江水，我又有幸住在她曾经生活过的地方，看着她曾经看过的风景，聆听她的传奇经历。也因此，尽管世事变迁，时代不同，她所具有的胸襟胆魄，她追寻理想的执著热情，她思考人生的广阔深刻等精神特质，都神奇而润物无声地传递给我，在我的教育人生经历中处处都有所体现。比如选择中的放弃，放弃中的思考，思考后的再选择；比如曲折遭遇中的坚定；比如永葆教育热情的定力。经历风雨再回头，如今所获得的成绩，还是要感谢上天的安排，感谢所有或苦难或幸运的际遇，以及一直努力的自己。

运命之间　亦悲亦幸

滋养我的，不仅是溆河之水和河边的那座宅院，还有宅院里一直呵护我成长的养父母。

几十年的人生历程，真正提笔去写的时候，还是感慨万千。因为顺着笔尖流淌的不仅仅是一个个方块字，更是岁月中一个个鲜活的人和一段段难以忘怀的往事，他们和它们共同组成了我的这幅生命画卷。

从哪里开始讲起呢？

斯人已故，事属旧事，再去揭开，难免欢喜有之，泪水有之，几多感叹。

至今为止，我尚不知亲生父母是谁，也许永远都不会知道了。我的记忆中，家的样子是养父母给我的；养育之情，也是养父母给的。

养父母是40多岁才抱养的我，按中国人的说法，算是"老来得子"了。他们抱养我时的心理和彼此之间的对话，我是无从知道了，但从父亲留下来的一些日记和遗物里，我还是对这段往事有了一些了解。

从我懂事起，就从未觉得不是父母亲生的，因为他们对我的疼爱，和别的家庭没什么差别，甚至还要好很多。当时，我是60年代的独生女，家境殷实，物质生活比常人丰富许多。但是随着年龄慢慢增长，能听懂大人的话了，也就知道了领养的秘密。因为周围难免有些人说话不那么慎重，偶尔和母亲谈起我，经常会有"呀，这就是那个抱来的孩子啊，怎么这么好看"之类的话。他们应该没有其他意思，只是觉得说了我也听不懂——那时我五六岁的样子吧。事实上，我从小就比别的孩子心智成熟，大人们闲聊的话，我是完全能明白的。

为什么我会比同龄人心智成熟？我常常在回顾中思考这个问题。很多学者都认同成人的很多特质都根源于童年这个观点，我觉得以此角度来看，大概是因为父母抱养我的时候已经40多岁，我们之间的年龄差距不小，导致我们之间就少有那种亲亲抱抱之类的动作，也许就是这种父女之间、母女之间的亲昵举动极少，所以我觉得我从小就比一般的小孩要懂事、要成熟——潜意识里觉得小孩子才和父母搂搂抱抱，我们没有这样的动作，应该是我已经长大的缘故。所以，孩子的一些特点和父母的教养方式息息相关，即便我现在做了16年的校长，也会认为最重要的教育一定是发生在家庭里的，尤其是童年时期的家庭时光。

两三岁之前的记忆，也就是被抱养前的日子是完全消失了，现在只保存着一张最早的照片——圆圆嫩嫩的小脸庞，满眼好奇地坐在座椅上。这应该是我幼儿时期唯一留存的记忆了。

尽管很早就知道自己抱养的身世，但是我一直没有问父母这件事情。我不清楚他们是否知道我已经知道自己不是亲生的了，他们也一直闭口不谈此事。我父亲1992年去世，我母亲2002年去世，他们有生之年都对此事只字不提，也许是希望成为永

人生中最早的照片

远的秘密。

我不问，也是怕他们伤心；他们不说，也有保护我的考虑。对我视如己出的父母，应该是完全沉浸在有个好孩子的幸福感里，这个梦，他们不愿醒。

而当时年少如我，也知道这种秘密一旦揭开，并不会给人带来什么喜悦。知与不知，都有些沉重，这样的心情如果没有亲身体验，是无法深刻体会的。但是当你知道一些秘密的存在时，想揭秘的心情也挥之不去。

对于我的身世，母亲去世之前，既没有说过，也没有留下一点信息，哪怕一点痕迹。但是我记得小时候我们家有一包东西——我推断是我被抱来时穿的衣服。1977年，我们居住的向警予旧宅要改成"向警予纪念馆"，所以我们举家从向警予大院搬出来。清理旧物的时候，我在二楼发现其中有一大堆花花绿绿的小孩的衣服，因为时间长了，已经有一些发霉，轻轻一扯就烂了。母亲毫不犹豫地把它们包起来全部扔掉了。现在回忆起来，那应该是仅存的和我身世有关的旧物了。按常理来说，如果母亲有意让我知道之前的一些事，她多少要留一些，但她都丢掉了，一件没留。她应该是从那时起，就决计此生都不再提起此事。

觉察到母亲不会和我说这些事，我就有意去探听虚实。我母亲有一个闺蜜，她的女儿和我是幼儿园一起长大的朋友，她就有意无意地从她母亲那里打听点消息，然后悄悄告诉我，尽管具体细节不是十分清晰，但事情的大概轮廓还是有的。

当年我父亲在溆浦县商业局负责统计工作，母亲在商业局管辖的溆浦旅社（原来叫旅社，现在叫宾馆，是商业局下属的一个国营机构）负责客房部。一个从长沙来出差的旅客，是商业采购员，长期住在这个旅社，因为工作关系，常常在长沙和溆浦之间来回穿梭。

这个长期住旅社的采购员，慢慢地和我的养母变得熟悉起来，知道她不能生育，愿意帮她想办法收养一个孩子。也不知道什么原因，母亲是趁我父亲出差到桂林时，跟着那个长沙来的采购员把我从长沙抱回来的——父亲是商业部门的干部，经常出差。母亲这样做，对父亲的触动非常大，父亲对于母亲没和他商量就无端抱了一个孩子回来，一直耿耿于怀。后来父亲去世时，我从他的日记中还看到了他的不满情绪：她去长沙也没跟我商量，就抱个孩子回来，云云。所以母亲当时不说，整件事情到底怎么回事，谁都不知道，就成为一个谜了。只是后来，听我母亲的闺蜜隐隐约约地说起，那个采购员曾经说过，我出生于1964年春，正值全国开展轰轰烈烈的"四清"（清思想、清政治、清组织、清经济）运动，接着又是"文化大革命"，家庭发生变故，无奈才将孩子送于他人抚养，希望不受牵连等等。年轻时，也有朋友劝我去寻"根"，说是只要找到当年那个采购员，一切就清楚了。只是我自始至终，都未曾有过这样的念头，不知是因为害怕还是无望，抑或是觉得没必要。

说到看父亲的日记，那是对我人生影响最深刻的事情之一。

父亲是突然去世的，像日记之类的那些比较私密的东西，根本没有来得及清理或者藏起来，所以才被我无意中发现。他的日记里面是怎么说的呢？他说他的人生其实还是很遗憾的。遗憾什么？遗憾没有自己亲生的孩子。他还说，"谁说我没有后代，我还有外甥和外甥女"……这让我突然感觉到，尽管他对我挺好，但他还是在乎血缘关系的，还是觉得女儿不是亲生的，在生命走向尽头时会有一些遗憾。

在看到父亲的日记之前，我其实一直都是很崇敬他的。而看了日记以后，真的很震惊，我甚至一气之下把他留下的日记和一些书法、绘画作品（父亲是湖南省书法家协会会员）统统烧毁，还把他常用的文房四宝全部扔掉。我当时年轻气盛，感觉情感上受到了伤害——既然是你们收养了我，就应该把我当成亲生女儿一样，不应该再有别的想法。后来我鼓起勇气和母亲提起这件事对我的影响，母亲让我不要怪父亲，并歉疚地说："那年，我没有与他商量就私自抱你回来。其实他对你很好的，你五岁就教你写毛笔字了……"

现在我能理解他了，但当时我真的是无法接受。甚至想，如果我不能生孩子，绝不领养。

对一个人来说，血浓于水是人之常情，所以很多被送走的人后来都会去设法找亲人，但是我没有这种想法，也没有有意识地去寻找自己的来处。不过，就如前文所说，当你知道一个秘密的时候，寻找答案的心情自然生发。

我也动过念头，曾经去过长沙想找到一些线索。因为就我打听到的信息来看，我应该是出生在长沙中医学院砂子塘一带。父母应该是在"运动"中受到牵连的人，也可能是受到迫害的人。但我打听到的信息也仅此而已。我想不管出于什么原因，把三岁的我送人，一定有他们的道理。

这些寻找与深度思考也让我试着去理解他们，就像理解我的养父一样。

后来有长沙的同学也帮忙问过，还有一个朋友就在湖南卫视《寻亲》栏目组工作，也说一定帮我找到亲生父母。我都说不用了，因为我真的没有强烈的愿望。

阅历越多，越能对人生有更为开阔的理解。我觉得人在这个世界上走一遭，其实就是把自己几十年的人生，走得愉快一点，走得有追求一些，做点自己想做的事情就好。即便血脉至亲，也不是要面临山河岁月相隔的结局吗？所以我从哪里来，要到哪里去，倒不是最重要的事情了。

家学深厚　书香稚心

记忆中，我对爷爷奶奶辈没有一点了解。爷爷在我父亲年轻时就去世了，奶奶在我过来后不久也离世了。但是对我父亲和唯一的姑姑，以及我父亲的表侄子即我的表堂兄这些人还是有比较深入的了解的。整个张氏家族的成员，文人气质非常浓，客观来说，他们确实都属于那种学养深厚、艺术造诣高的旧派文人：都读古书，都擅长书法、绘画。

我父亲是省书法家协会会员，退休以后潜心研究书法，还带了不少徒弟。我姑姑是学医的，但写作能力强，字也写得非常漂亮，很年轻就调到卫生局办公室专写材料，后从卫生局副局长岗位上退休，专心绘画，她的国画还真有点学院派的味道。我曾经在微信上分享过她的作品，不少朋友赞不绝口。

源于家学，我这一辈的子女的文学艺术修养在同时代人中，也是比较好的。我堂伯的儿子，曾是我们湖南怀化学院美术系主任，专门从事国画教学工作。退休后，宝刀不老，仍坚持绘画。小时候，父亲曾有意栽培我，五岁时就让我练书法，首先临摹，再学写隶书，甚至还带我到户外写生。可惜我画的树，每一片树叶都是一样的。也许父亲察觉到我没有绘画天赋，就只让我每天练练毛笔字，背一些《增广贤文》"山中有直树，世上无直人"之类。记得家里就挂着他书写的出自《增广贤文》

的一幅字:"静坐常思己过,闲谈莫论人非。"无缘书画的精进,但是我从小打下了一些古典文学的底子,像我们现在坪洲小学校园里的对联"坪筑杏坛传演经史诗云,洲立学府培育才俊雏鹰",就是我创作的,还有其他具有传统文化之美的设计,也都出自我的创意。

记忆中最难忘的,就是春节帮父亲卖春联。有一年春节前夕,父亲突然想,反正自己退休了,除了拉拉二胡、钓钓鱼之外,有的是时间,不如到街上写春联卖。1980年代初期还是物质匮乏的时期,过年贴的春联不像现在可以直接买印刷品,一般都是手写的。我想这也算是有点文化的事情,值得一做。于是,父女达成一致——放寒假以后,他写春联,我卖。之后每年春节都会重复做这件事,一直持续到1991年,我调到湖南省怀化地区教科所。父亲说:"你现在是地区教委的干部了,不比在县城,就收摊了吧。"谁知第二年春节前他就走了,没有任何征兆,突然某个晚上喘不上气来,没有留下一句话,没有和任何人告别。是没有了人生寄托,还是因我调动工作的离开?这一点我是了解他的,他甚至限制我的婚姻:如果我外嫁,就与我断绝父女关系。我的婚姻的失败也许从一开始就注定了。

我跟父亲每年从腊月二十四起就上警予大道寻找一个合适的摊位卖春联,一直卖到大年三十晚上,刚好一周的时间。第一年尝试时,父亲是现场写现场卖,后来顾客太多,需求量大,现场写完全来不及,所以从第二年起父亲就提前准备:先写好字,有的还让我帮他描边——一个黑色的字,我就在放假时给它描上金边,然后再把它们一卷一卷地存放好。

父亲写对联时,我会在一旁陪着。暖暖的灯光下,研磨,铺纸,翻阅那些古书找对联。有时候兴致起了,我们还会一起推敲字句,自拟几副对联写出来。家乡的冬天十分湿冷,识字不多的母亲经常默默地给我们放好火箱,然后静静地坐在一旁,笑意盈盈地看着这对初入"商界"的父女伏案忙碌。

作品完成了,等到了腊月二十四就拿出去卖。卖对联时,围观者众,其中很多人不识字或不太懂对联的含义,我就很认真地读给他们听,然后一一解释字面的意思。当时觉得这是一种义务,哪里想得到是"商业宣传"。

因为有文化解读,我们的对联自然卖得特别快,后来甚至有的对联某个字写得不太完美,对联纸张有些褶皱,他们都还要买。其实卖对联的摊位还是很多的,远不止我们一家,但每年都是我家这个摊位的人最多,无论提前

我们和姑姑家感情深厚

准备了多少，最后都能卖光。

那时候顾客多到什么程度呢？就是父亲不停地写，还是会供不应求，连回家吃饭的时间都没有。于是母亲在家里做好饭，再给我们送过来。就这样，我父亲负责写，我负责收钱，我母亲就负责送饭，一直忙碌到除夕。

那时候的对联五毛钱一副，我们从1981年开始卖，一直到1991年结束，差不多卖了十年。那时候一个星期卖对联赚的钱，可以超过我一年的收入——我刚毕业时工资34.5元一个月，一年400多块钱，而这一个星期可以卖到七八百块，甚至上千元。我父亲还笑话我说，我在做生意上很有一套，头脑很好使，还一直后悔没有坚持让我改行，应该继承他的衣钵去做生意——其实他也没有真正做过生意，尽管在商业局供销部门工作了一辈子。

如今回首那段日子，寒夜中一家人筹备卖对联的画面、我和父母亲配合卖对联的画面，还鲜活如初。当时觉得手脚冰冷，有些艰苦，但现在想想，那真的是充满幸福感的好时光，也是我对书香雅事、父母之爱的最深体验。

卖对联能赚钱当然是开心的，但我自豪的是那些受欢迎的字和那种靠学识去赢得别人认可的骄傲感。因此，自然会生发努力学习的念头，也会生发像父亲那样，做个学识渊博、笔力深厚的人的念头。

尽管我是养女，但在学业上，父亲对我的帮助和培养是尽心尽力的。我五岁开始练字，都是他手把手教的，从临摹，再到自己写。后来读师范，我的字在同龄人当中算是很棒的。可惜后来我没有坚持下去，不然也有可能小有成就了。

父亲也会拉二胡，但是他没有教我这个，可能在他看来，女孩子学拉二胡不太高雅吧。我也没有想过学拉二胡，只是在他拉二胡的时候，我会情不自禁地瞎指挥、打拍子。现在我们学校的合唱都是我指挥的，别人都感到奇怪：怎么你还会指挥合唱？其实也没人教过我指挥，想必就是当年父亲拉二胡时我在一旁"指挥"得来的经验吧。所以后来我在教育管理中常常强调，言传身教，家庭氛围熏陶，比严苛的要求要有效得多。当年的四合院里也住了其他人家，别的小孩儿都在玩，只有我在那里写字。邻居们来来往往，看我不是读书就是写字，学业成绩也好，就以我为榜样教训自家孩子，我一不小心就成了"别人家的孩子"。

那时候可读的书很少，像《梁山伯与祝英台》《母亲》之类的故事书和英雄书，我家里有一些，我从小就接触、拜读了。

说到写作，似乎我在小学的时候写作天赋就有所表现，写作能力比一般孩子要强。这主要得益于我的父亲会帮我修改作文。我记得很清楚，那时写文章，一开始都要写"祖国形势一片大好"，然后他觉得这个是比较空的话，就要我加上"物价稳定"云云，我问他物价稳定是什么意思，他就说形势大好，然后才会物价稳定，它是商业活动，我不用完全明白它是什么意思，我写上去，文章的档次就会提升。按现在的理解应该就是"文以载道"吧。这是写文章需要注意的地方。记得小学四年级的时候，我的文章就在县人民广播电台播出了，在当时可是件了不起的事，因为全县80多万人民都听得到——当时邻居叔叔还说："这个孩子长大能当作家。"

后来搬离向警予故居后，再和当年的邻居见面，他们聊得最多的就是当年小小的我读书写字的样子。后来我姑姑也说："当年你爸爸真的是精心培养你的，那么小就让你读古诗、练书法，要不你哪有现在这样的成绩啊！"

所以说父亲是我人生的第一个老师，一点也不为过。当年的他不仅是我的老师，也是很多慕名而来的人的老师。

我父亲是商业局干部，跟统计会计打交道，领导还提拔他当了业务副局长，后来硬是被他辞掉了，他还提议让一位女同志当，是我同学的妈妈。他的那些同事，包括认识他的很多人，都亲切地叫他"张老师"，不会叫他股长、局长这样的行政称谓。这个"老师"，透露出的是众人切切实实对他学识和艺术修养的尊重。因为那个年代，能够接受文化教育是非常困难的，很多少时被耽误又有求知欲望的人，会找一些旧派的文化人做老师。我父亲就收了很多这样的徒弟——当时有很多想跟他学艺的人，其中也有本来就有一定的文化但想"进修"艺术知识的人——我还记得有一个学声乐的人非常喜欢书法，也慕名而来拜父亲为师，他现在见到我都会说："你爸爸是我的师父呢。"我们警予大院里的孩子，更不用说，似乎不在我父亲那儿学上点什么，就成不了才。

旧事种种，当我回顾的时候，徒然发现人生真的是有得有失，我无法解开的身世之谜，给我带来不小的困惑和忧思，但今生有幸和养父母那样的人相遇，成为一家人，又让我感念和感恩。那时候和我一起玩耍的发小们，其实都挺羡慕我的，因为在那个物质匮乏的年代，我无论从物质上还是精神上，都可以算得上是富足的、幸福的。直到现在，在向警予大院一起长大的小学同学每每聊起往事，都无比艳羡：还记得小时候你送给我的金皮纸的水果糖吗？还记得你穿的那双"丁"字皮鞋吗？还记得你是班上第一个穿"的确良"花衣服的人吗？……

生命的阴晴圆缺，你觉得是得还是失，有时只取决于你看事、处事的心态和角度罢了。

眷顾之情　温暖一生

我的养父母没有自己的孩子，将我视为己出，对我百般疼爱，我的成长过程真可谓"集万千宠爱于一身"。

我母亲没有多少文化，是那种很传统很善良的家庭妇女，对我是发自内心地关爱，毫不夸张地说，是百分之一百二十地用心照顾我的生活。一般人真的很难想象我母亲疼我到什么程度。1960年代出生的我，从来没有做过一顿饭、洗过一件衣、刷过一床被，种种家务活，她都是全包全揽的。尤其是在吃这个方面，印象最深的是我母亲逼着我吃炖鸡肉，我实在吃不下去，又看着她辛辛苦苦做出来，实在是不忍心，就偷偷地和着茶一起吞下去。每天早上的煮鸡蛋是雷打不动的，以至于我成年后再不吃煮鸡蛋了——往往小时候过分拥有的东西长大后会变得非常排斥。

小时候，学校组织春游、秋游，母亲常常给我准备些鱼肉蛋之类的荤菜。这些东西我真的是吃得有些腻了，就拿它们跟同学换小菜吃，鸡蛋换红薯，鱼肉换笋子……现在我还常让小学的同学给我带咸菜、豆豉，对荤菜没什么兴趣，不知道是不是小时候母亲给我吃得太多了，已经足够支撑我的一生。

小时候我写作业，母亲常常陪在我身边，不是扇个扇子，就是弄点小吃，有时候我不愿意吃，她就哄着我吃，我实在不

父母呵护下自信满满的张云鹰

吃,她甚至会默默流泪,然后我就强迫自己吃。她在生活中对我的这种关心,说真的,我做不到,也学不来,哪怕是对我亲生的儿子。

我们湖南冬天阴冷阴冷的,要烤火箱,吃饭的时候也在火箱旁边吃。我至今还记得我和父亲从不用动身,都是母亲忙来忙去地端饭端菜,父亲像个国王,我像个公主,心安理得地享受着饭来张口、衣来伸手的待遇。

有人说一个家庭中,母亲素养的提升,一定会对这个家庭的整体素养有很大影响。这个素养其实和文化程度高低没有多大关系,就比如我母亲,虽然没有多少文化,但是非常懂得相夫教子,非常谦卑善良。每每想起我的母亲,她身上那种善良而任劳任怨的传统品格,真的是让我感慨万千。

母亲对我的好,还体现在非常多的生活细节上,比如,那个年代的夏天,没有电风扇,更没有空调,她就给我扇扇子——因为湖南的那种闷热是无法言说的,她就一直用扇子扇风,每天晚上,都是她为我扇扇子,等我慢慢入睡了她才睡。自我记事起,我就一直跟母亲睡。每到冬天,冰天雪地,没有暖炉、暖气,我们一人睡一头,她就一直把我的脚抱在她胸口,让我睡得很熟很香甜。

她脾气也好,从来没有发过火,留给我的都是这种温暖的、柔软的回忆。小时候,无论是哪位同学到我家,即便是懵懂无知的小伙伴来,她都给予特别好的招待,以至于他们现在都会记得我母亲的好。她那种接人待物的礼仪，真的体现了中华传统女性的美德。虽然我没有学到多少，但进门就是客人，让朋友乘兴而归总是要做到的。

她对自己却十分吝啬，吝啬到什么程度呢？自从我父亲去世后，我也调去外地工作，偶尔匆匆回家看看，以为家里无人，结果一打开灯，看到她端坐在那里，被她吓一跳，便埋怨她怎么这么黑也不开灯。母亲就说："我有些困了要眯一会儿，开着灯浪费电啊……"总之，她就是对自己十分节俭，对别人，包括我同学、朋友，都会特别大方。

后来我读师范的时候，交往更广泛，也经常会有同学来我们家，因为母亲的热情好客、慈爱温柔，以至于家住乡下的同学，只要他们从我们家路过，就会在我们家停下脚。我母亲炒得一手好菜，尤其是辣椒黄豆炒鸭子，我很喜欢吃，同窗们也喜欢吃。也许是眼见的多了，当时我不曾炒过，现在却做得很娴熟了，也许是为了心底的怀念吧。那时候只要同学们来，母亲就坚持炒鸭子给他们吃。因为当时物质条件并不好，很多同学在学校根本吃不到什么好的食物。1978年秋，我们去读中师时，学校还发窝窝头让学生充饥。不少人吃不饱，母亲是深知这一点的，所以等他们吃完走的时候，还会让他们带一些她亲手做的糍粑等东西回学校。

直到现在，那些同学提起我的母亲，还都会说："云鹰，你妈妈真的是太好了。"

我那些散落在各地的同学，听说我回家乡，都会盛情招待我。之所以如此，除了当年的同窗之情，还因为我母亲当年待他们的那些真情，是他们最为感怀的。我一个在北京的同学，也是当年受到过母亲盛情招待的，在得知我母亲去世后，还特意在清明节时和我一起辗转去母亲的墓前祭拜。年少的记忆往往是最清晰也是最深刻的。若非感念至深，绝不会有此举动。

母亲并非纯粹的家庭主妇，虽不像我父亲属国家干部，但也是商业局下属单位的正式员工，因工作积极，待人真诚，很年轻时就加入了中国共产党。

母亲的同事或朋友大都儿女颇多，上有老下有小的，每逢过年过节，她总是这家送只鸡，那家送只鸭，这家包一盒红糖，那家给两瓶罐头。自己却舍不得吃，也不愿意花钱买好衣服穿。

1997年8月我来深圳后，她第一次过来，也是唯一一次来深圳。有一次我去香港学习，花了两个月的工资（当时深圳的月薪 3500 元左右）买了三套日本进口的服装。我知道她艰苦朴素，若知道我买这么多这么贵的衣服，肯定会有些埋怨。于是就只拿出一套穿给她看。谁知她不但没有责备我，还宽慰我说："你来到这边，更要穿好一点了，钱不够，我还有攒的呢。你不用担心不够花。"母亲不是随口说说，她和我父亲对我一直都是这个态度，我从小就比同龄人吃得好、穿得漂亮。读小学时，我父亲到上海出差给我买了一件灯芯绒绣花衣，以至于后来一个同学追求我时，居然告诉我是我穿的那件红色的灯芯绒衣服让他久久不能忘怀。

17 岁时，我参加工作的第一天，父母亲还带我去百货公司，花了 68 元给我买了一套上海牌米黄色的西装。当时我一个月的工资只有 34.5 元！后来我自己有了儿子，也从小把他打扮得精神十足，这是不是受到父母的熏染？我不知道，总之，是童年时就种下了美的种子。

母亲身上的那些美德与好习惯，虽然我未曾学得一二，但她的淳朴与善良，还是让我深受影响。

因父母都有不错的工作，我又是独生女，家境自然好些，1978 年我去读师范的时候，父亲每个月给我 10 元的零用钱，而且是一次性让我带足 60 元，我的同学都惊讶得不得了。要知道，在那个年代，每个月有 10 元零花钱是相当奢侈的。

更为难得的是，尽管父亲对我选择读师范极为不满，但还是为我精心准备了一块进口的英格兰手表作为上学礼物。当时那块手表是 260 元，40 多年了，这也是我唯一保存的父亲留给我的东西了。记得当时商业局共采购了三块这样的手表，父亲给我买了一块，父亲的同事买了一块送给他出嫁的女儿，另一块遭遇了抢劫。我们当地一个女孩戴着这块英格兰手表，不知被什么人盯上了，一直被人跟踪到大街旁边的公共洗手间，抢劫者将其按在地上硬生生地抢走了那块手表，可见这块 260 块钱的手表在当时是个什么概念——在 20 世纪 70 年代，它真的算得上是非常珍贵的。听到这个消息，我吓得收起了手表，不敢再戴，以免也被人抢走。

在这样的家庭条件下，我在同学中间，算是很富有的了。应该是受到母亲的影响，我很小就乐于去帮助他人。我的同学中，有生活在靠自家喂猪养鸭填补家用的人家的，他们的课余时间，常常要干很多农活。于是周末或寒暑假，我就主动跟同学一起上山，帮她们扯野菜、打猪草，还帮同学上山捡柴、拔丛毛。有时还去郊外抓蚯蚓喂鸭，去小溪边抓螃蟹。看着同学们有收获可拿回去，我虽然非常累，但十分开心。

后来读了师范，每次回家，母亲炒菜时我都会让她多准备点，把牛肉、鸡块这些难得一见的食物，带到学校与同学们分着吃；也会多带些粮票，分给那些比较贫困的几乎吃不饱饭的同学。很多年以后，同学聚会时，有同学还感慨地和我说起当时我送他的3斤粮票。诸如此类的事情，我都不记得了，但同学们都还记忆犹新。

周末空闲，我们就走出校门，去芷江城里逛逛，有时候我请大家看电影，8分钱一张票，闪烁的银幕下，留下我们太多美好的记忆；有时候我会付钱扯一些布，和女同学一起做学校演出服。

当年张云鹰（右）出资买布并设计的演出服装

和母亲待人接物的态度一样，我的所有举动都是发自内心的，所以也不会让人觉得我家庭条件好就高高在上去施舍谁，而是觉得那种帮助里有一种有福同享的青春情谊。如今和当年的同窗聊起，他们会念及我的热心和良善，感叹一起度过青春岁月的美好。

经济上我没有感受过穷困，生活上母亲无微不至地照顾我，对我父亲也是毕恭毕敬的——那个时候没孩子是我母亲的问题，她的子宫被摘除，因此，她觉得对我父亲有亏欠，总是毕恭毕敬的，这就使得我的日常生活中从来没有争吵和叱骂之类的消极因素，家里经常是满溢一片和睦之气。

有时候想想，在时代和亲情无法选择的情况下，能在这样的环境中愉快成长，也算是上天的另一种善意安排吧。

回忆小学　感恩童年

有人说人的一生底色，都在童年涂抹好了。若以思辨之心去回顾少时岁月，给我一生奠基的警予学校，算是我生命中最需要大书特书的一段记忆了。

先说说当时的溆浦县城。我所在的溆浦县在湘西，自古就是一个富饶的鱼米之乡，其文化底蕴深厚，更是让生活在这方土地上的人们一直引以为豪。据史料记载，"溆浦"一词最早出现在爱国诗人屈原的《涉江》中，而屈原与溆浦的不解之缘，以及后世的人才辈出，也让溆浦有资格留名中国文学文化史。任国瑞先生的《屈原年谱》中指出，屈原在49岁到达溆浦，一共在此地待了四年，其间不仅对当地民风赞赏有加，而且写下了《离骚》《天问》等不朽名篇。如今，"警予学校"的河对面就是"屈原小学"，"警予公园"的上方就是"屈原广场"，广场中央矗立着屈原的雕像。

历史推进到20世纪70年代，溆浦的发展虽受时代影响，但也呈现出勃勃生机。正如父亲教我写作文时所说，它"物价稳定，物产丰富"，尤其是一年四季从不间断的香甜可口的水果，至今都令我念念不忘。在整个怀化地区13个县市中，溆浦县的人口数量是全地区之首。在我小的时候，它的总人口数就达80多万，现在早已超过100万了。1971年溆浦就通铁路了，也是当时最早通火车的县城之一。一条铁路线穿城而过，在承袭古老优秀传统和踏上新的发展之路上，可以说有着得天独厚的条件。

转眼间从懵懂稚子到了读书的年龄，父亲便把我送到了警予学校。踏入那所古色古香的学校的大门，我的人生也开始了一段新的历程，而警予之魂，也继续以另一种方式和我的灵魂交互融合。

1916年向警予从周南女校毕业后，创办了溆浦女校，提倡男女同校，传播思想新风尚。为保证办学质量，实现办学目标，她从长沙、常德等地请来任培道、熊李兄、吴家瑛、蒋如竹、易克勋等思想进步的同学来任课。而溆浦女校也从教育救国的基地变成了革命的据点。

她的教学理念非常明晰，主张对孩子的培养应立足长远，不仅为现在的社会培养有用之才，还要培养在未来社会里发挥重要作用的栋梁；倡导评价教育效果，不要只看学生在学校里的表现，还要考虑学生离开学校到社会之后的表现。她还特别强调培养孩子为社会服务的意识，养成劳动习惯，同时，也对德、智、体、美、劳全面发展非常重视，并有自己独到的见解。为了扫除旧习，培养学生的爱国主义精神和服务社会的意识，她带领学生到大街上清扫垃圾。而向警予提出的"自治心，公共心"的校训，以及亲自写词谱曲的《运动乐》一直沿用至今，并得以发扬光大。几十年过去了，向警予创作的校歌和运动歌，我还能张口就来，可见其已深入骨髓了。

在历史的变革中，警予学校多次更名，直到1978年，为了纪念向警予烈士，湖南省委批准该校更名为"警予学校"，学校名字才正式确定下来并一直沿用至今。

我们当地人对这所学校是怀有很深的感情的。1971年，我开始上小学，记得警予学校在创办时有一个很气派的门楼，就像旧时大户人家的牌坊，很高大、很醒目。门楼旁边还有一栋小院，不知何故，这个门楼被驻扎在"溆浦机场"（抗战时兴建的军用机场）的部队占了，我们师生对此非常不满，就举着"还我校门""还我校舍"的牌子去县政府请愿，还将课桌椅也搬进已改成的军人宿舍上课。但似乎也没有改变当时的情况。政府在齐平的街道口给我们另外开了一扇校门。如今的"警予学校"校门大概恢复了从前的原貌，进行了重建，但总觉得不如小时候美好了。

学校紧挨着河边，我就读的时候学校还没有围墙，只有一个木制的小

小学同学（后排右为张云鹰，前排左一为向警予侄孙女向厚玉）

门，师生可以随意进出。出了小门，学校后面就是小土坡。每每站在这个小土坡上，就可望见日夜不停、川流不息的溆水河。后来，我在这个学校当老师后，还常带学生们来这讲课，《海上日出》《火烧云》等就是在学校这个后花园诞生的杰作。我们在河边观看日出、欣赏晚霞。

当时我们住的向家大院离学校的小门很近，中间只隔了一个马棚。我上下学只要通过一个小道就行了。学校所有的教学楼全是用木板做的回廊建筑，古色古韵，方方正正围成一个四合院，像是古时候的书院，给人的感觉甚好。尤其是中间的一个六角亭，建于民国二十二年（1933年），用油漆刷得亮亮的，并不亚于岳阳楼等楼宇，也是如今"警予学校"唯一保留下来的警予校长创办时的旧迹了，现六角亭属地市级保护文物。

当时有上下两个操场，是我们读小学四年级时，每天到河边一担一担地摸石头、挑河沙把它填成了一个完整的操场。只记得我们每天要求挑30担，由各班的劳动委员负责登记每人每日所挑数量，上下午是要上课的，有的同学一下课就去河边摸石头挑一担；有的同学中午或放学后就主动去河里挖沙。我自然是积极的，有时还超额完成任务。河边没有老师监管，一路上也没有人看管，也不曾有人掉进河里，更没有家长因担心来学校闹事。那时的孩子难道真的懂事、吃苦一些？还是老师、家长放心一些？若是现在，早被媒体曝光批判了。回想起来，我真觉得这是个很愉悦的差事。尤其是看到低年级的小同学入校后，我们会很自豪地说："你看，学校操场都是我们挑石垒沙填上的呢。"

我住的大院也是木质材料建造的，从我们家二楼的小窗户，可以直接看到缓缓流淌的河流。所以我觉得能够在生活和学习中看到波光潋滟的水面，真的是童年的一种可贵的体验。所谓的"智者乐水"也无非如此了。现在政府对这一块进行了改造，我小时候住的院子，变成了"向警予纪念馆"，中间就是"警予公园"，警予公园隔壁就是现在的"警予学校"。当时的学校错落有致，曲径幽深，不像现在，一眼望去，到处铺的都是水泥面，没有了当年的韵味。可喜的是，学校中央的警予雕像与六角亭交相辉映，警予之魂依然飘荡。

我上小学时担任班长，经常要向老师汇报或将同学们的作业交给老师，因此也常出入这个六角亭。多年后又回到这个学校当老师，并有幸被安排在六角亭备课、改作业，倍感亲切，仿佛当年的警予校长就在我们身边。以至于现在每每清明回去，我都会情不自禁地在六角亭上走一走，摸一摸，感受当年的温度。现在的学校已很少看到这种建筑风格了。

不知道是从什么时候开始，我们的教育就被"安全感"绑架了，现在的警予学校除了还有一个六角亭，原来那些结实的木板房全都拆掉了。建有六角亭的地方，在它的延伸处也仿照过去的样子建了一些凉亭，可再仿照也已经没有原来的味道了。最可悲的就是后面那条溆水河，原来是出门就能看到原生态的河面，但现在已被高高的围墙圈住，修了一个很大的河堤，整个用水泥砌起来，再用一个大铁门锁住，谁也到不了河边——这下完全没有

张云鹰（右）陪好友、作家唐冬眉（左）参观向警予修建的六角亭

安全隐患了。

所以我小时候读书的经历是很有趣的，在并没有大力提倡体、美、劳等发展的时代前提下，我们小学的活动却异常丰富。追忆起来，小学期间不少场景还历历在目。

比如一年一度的送新兵去部队，这是一项非常隆重的典礼性活动，我们学校会有大合唱，我做指挥，然后举着拥军的牌匾，雄赳赳气昂昂地走在新战士队伍的前面。从人民武装部穿过大街小巷，一直把新战士送到火车站，他们的亲人早已等候在车站站台，目送着列车徐徐开往部队的方向。

当年的很多活动都是极其热烈的。每一年的六一儿童节，我们全校各个班的同学穿着各不相同的班服，有的拿着鲜花，有的拿着气球，有的举着小红旗，还有学校的秧歌队，边走边唱、边走边舞，有种载歌载舞、浩浩荡荡的感觉。从学校门口途经县政府，走过整个大街，一直走到县万人大会场开展庆典活动。那样的节日真是神圣庄严，马路边上的行人、商店的服务员以及很多家长都投来赞许的目光，整个学校的声誉也因此大大提高。偶尔有汽车路过，司机也都自觉停下来，目送我们。

这样的活动一直延续到我当了警予学校的老师，作为班主任的我在队伍的前面吹哨指挥，副班主任，通常是数学老师就在班级队伍的后面压阵，经常是贯穿整条街，蹦跳着、欢舞着，很是兴奋。我到现在也没想清楚，学校是有活动场地的，为什么总要从学校的东头一直穿越到县城的西头？也许是一种仪式感，也许是想给县城带来另一番景象——它不仅仅是学校的节日，更像是全县人民共同的一个盛大的节日。如今是没有这种盛会了，街道车水马龙，挤得水泄不通，已容不了学生的行进队伍了。校长、老师也不敢如此"放肆"了。

那个时候，整个社会几乎没有什么大型娱乐活动，不像现在有24小时的电视、随身不离的手机、网络之类的工具。因此，学校的各种大型活动和演出，每次都是人山人海，十分热闹，几乎是全校、全民参与。教师很有荣耀感，学生也有深深的集体荣誉感。此时走路都比平常走得更雄壮、更威武，不少班级学生还会在队伍里做一些穿梭的动作和造型，很有意思。不像现在不少比赛和活动只有参赛人去，其他人是不去看、不参与的，无法给其他孩子留下深刻的印象。

我的小学时光的确称得上是多彩的。"学大寨赶大寨""学习小靳庄"等全国性轰轰烈烈的活动如火如荼。我们穿着红色格子衣，蓝布裤，脖子上围一条白色围巾，到大街上宣传"学大寨"；到乡下晒谷坪演讲革命形势。以至于我后来当了老师听到歌曲《在希望的田野上》，就不由自主地想起当年的情景，也就自编自演相关舞蹈并参加教师节演出。

警予学校一直有一个非常好的传统，就是培养学生为社会服务的意识，这也是向警予创校之始就一直注重的。她当年就带着学生去大街上扫地、清垃圾。这个习惯一直被沿袭到我读小学时，那时候我们每周日都去洒水、清扫街道，还去帮"五

张云鹰（右）与挚友舒春娥表演舞蹈《在希望的田野上》

保户"做家务活。印象最深的还是"半工半读"，很多时候，我们上午读书，下午劳动。有的时候是去砖厂挑砖，有的时候是去糖厂削甘蔗。我们每个学生还在郊区山上"承包"一块地，有时种红薯，有时种玉米。我的那块油菜地是大家嫌土质不好，尽是石头而不要的。我是班长自然自己种了。于是，每个周末都约些同学上山，有时挑一担尿，有时挑一担马屎粪去施施肥。冬天的时候还专门上去扫雪，生怕雪把油菜叶子压坏了，第二年就没有收成了。还好，我那块不毛之地居然获得丰收，榨出的油也十分香。

在那个年代，没有孩子觉得做这些事有多脏、多累，也没有家长觉得这样会耽误孩子的学业。我也算是独生子女，在这件事情上，父母非常开通并积极支持，还常常帮我储存一些草木灰、橘子皮等做肥料。其实从小做这些事情，并不影响我们读书、掌握知识，也没有影响我们现在的思考能力、阅读能力或写作能力，反而因为体验的丰富，在这些方面大有助益。"教育即生活"，生活本身就是教育，这句话确实是真理。

这些经历很锻炼人，对我的成长影响之长远，是我很多年以后才慢慢体悟到的。比如当时没有广播，只有喇叭，我是中队长，经常对着喇叭说新

闻、念稿子。所以,后来我无论碰到多大的领导,碰到多大的场面,都没有畏惧心理,从不恐慌。这也许就是从小锻炼的结果。

  1974年我十岁,学校组织三年级以上的学生去韶山瞻仰毛泽东主席故居。当时每个班派两个代表(班长和学习委员),因需要自己交10元钱,班主任还特意来我家征求意见。我父母自然是十分欢喜,母亲还说:"呀,小云,你可以坐火车去看大世界了。"因而,我得以第一次坐火车,第一次去韶山,第一次参与集体的游学活动。

张云鹰(前排左二)与老师、同学在稻谷坪上合影留念

  40多年前的韶山保留着毛主席故居真正的原貌,我们在他老人家门前的稻谷坪上合影留念。此外,我们还去了省会长沙,去了烈士纪念馆、橘子洲头。记得印象最深的是去商店买了我从未见过的像玉米苞似的圆珠笔和一本印有韶山冲图案的漂亮的笔记本。很多年来,我依然坚持游学旅行,从省内到省外,从国内到国外,是不是与这次出行有关?不管怎样,走出去看看世界,一定是让人心旷神怡、收获满满的。

我能在这样有文化底蕴、有思想传承的学校读小学，能接受这样多样化的开放教育，确实是很幸运的。所以，从教之后我一直认为小学教育很重要，并且于2011年在深圳创建坪洲小学的时候，也一直考虑新学校天然缺失文化底蕴应该怎么办，从而确立"自己播种"的建校思路。

　　无论是从向警予创建警予学校的历史中，还是从我在警予学校的读书经历中，我都深感创校校长的重要作用，并时时、处处提醒自己，也正因为如此，才有深圳宝安坪洲小学如今的美好面貌和备受赞誉的影响力。

警予感召　誓为人师

不同的时代际遇，不同的家庭环境，真的会塑造不同的人。所以有时我也会想这样一个问题：为什么我从小就比别人懂事、成熟？

其实我那个时代的孩子，大多不像现在的孩子这么被宠溺，整个社会都还处于贫困状态，父母也没时间和孩子们有过多亲昵——所谓"穷人的孩子早当家"。虽然我家境尚可，但也和同时代的孩子一样，早早独立自强。可能和父母抱养我时，已是不惑之年有关。当然，这其中也有天生遗传的因素，我父亲说我从小就属于那种很叛逆的孩子，性格偏中性，有男孩的个性。

一个医生朋友曾毫不掩饰地对我说："云鹰，你的基因里可能有一半是男人的细胞。你母亲还托我关照你，担心你受人欺负。我说，你不欺负别人已经万幸了。"

说的也是，我从小就很有主张，很有自己的见地，不会人云亦云。后来我工作教学也是，不迷信那种所谓的大家，不困顿于书本中的条条框框。

其实古人就曾总结，若成就一件事，要讲究天时、地利、人和。就"天时"来说，那个物质匮乏、百业待兴的年代，其实提供给每个人的发展机遇比现在要多；就"地利"来说，我的家境和读书环境相对更好一些，对发展也有利。当然，按我的同学加闺蜜王静（可惜她42岁那年因心脏病突发病逝）的说法："云鹰，按你的智商，如果你的家庭起点再高一点，你的成就一定不止于此。"如今一个很时髦、很奋进的说法是：不要输在起跑线上。殊不知，不少人一出生已接近终点，而绝大多数人的起跑线是很漫长的。

尽管我的人生起点在湘西的一个县城，但对我人生观、价值观影响最大的，应是我小时候住在向警予家的院子里，跟她家族的人有较多接触。这种无形的熏染力量是不可估量的。

我和她的侄孙女是同班同学，那时候大家常在一起，耳濡目染地听她家里人讲了不少关于向警予的故事，比如她为什么要离开溆浦：父母把她许配给了当地的军阀，她誓死不从，逃婚出走，毅然步行去了周南女校就读。后来她到法国留学，手捧《共产党宣言》跟蔡和森结婚，在长沙跟着毛主席走上革命的道路，最后在1928年由于叛徒的出卖，33岁时在武汉被五马分尸，英勇就义。我觉得作为那个时代的女性，能在短暂的一生中，经历种种辉煌，有限的生命绽放出无限荣光，实在是太伟大了。这也促使我1984年第一次去武汉，就先去她的墓地，在她的墓碑前庄严宣誓，默默下决心，一定像她那样，即使不能创办学校，也一定尽心尽力教书育人。她的光辉的形象也许早早地就在我的内心树立起来，她对我的影响就像一粒种子悄悄地埋藏在我的心底，随着岁月的流逝，渐渐成长，日益强大。

在武汉市向警予烈士墓前庄严宣誓

等到后来我再长大一些，就开始看有关她的书。她这种女性，对我的世界观、人生观、价值观产生了重大影响，所以，由中央新闻纪录电影制片厂出品，根据湖南溆浦籍作家舒新宇同名传记改编、刘毅然执导的30集电视连续剧《向警予》即将播出，我万分期待。因为多年前溆浦县委领导曾希望我在广东找到投资方拍摄，但由于种种原因未能如愿。向警予对我的影响太过深刻，所以我甚至对这部电视剧有些担忧：能展现出中国共产党唯一的女创始人、第一位女中央委员、第一任中央妇女部长向警予传奇的一生吗?

她留给我最深的印象就是那种英姿飒爽、天不怕地不怕的样子。我希望我的身上一直有她的影子,我们都是充满豪情的率真女性,都有"不怕辣、辣不怕"的韧性。她那种精神的感召,促使我在后来的工作生活中,永远充满朝气与活力,好像浑身有使不完的劲儿,在任何困境面前都不会倒下。

张云鹰(左)和校友刘艺华在向警予故居雕像前,雕像后为向警予亲手栽种的树

她所创办的警予学校的校训是"自治心,公共心"。这个校训一直沿用至今,虽然时代变迁,沧桑巨变,一百年过去了,但它仍然与现在的教育理念十分契合。我后来在深圳当校长后,提出的"道德自律、工作自励",难道不是这种感染的结果吗?向警予当年提出那样的校训实实在在是具有超越

时代的价值意义的。以至于我在 2011 年创建坪洲小学初始，分别从《易经》的"蒙卦"和"同人卦"中选择的两个爻辞"蒙以养正，文明以健"作为校训，也是希望它影响的不仅仅是学生的 6 年，甚至是 60 年、600 年。

警予学校这个历经百年不变的校训，也让我体会到，作为一位校长，要想在教育上有所建树，就需要一个好的理念传承的载体，所有表面的东西容易随着时间的流逝而了无踪迹，只有文化的影响才能根深蒂固。

跟向警予一样，我也从小就有做教育的执著理想。后来在教育之路上的跋涉，可谓一波三折，艰难异常。教育理想接受的第一次考验，来自我的父亲。

当年读初中时，我的成绩在班里遥遥领先，每次考试不是第一就是第二。我如果不去读中专，可能会考上不错的大学，因为之前比我成绩差的，后来都考上湖南大学之类的了。上海师范大学吴立岗教授曾亲口对我说："云鹰，当年你们读中师的那一代优秀人才，现在不要说考清华、北大，至少能考个人大。"尽管我没有这样奢望，但内心得到莫大的安慰。只是在我心里就是有个教育的梦想，一直无法泯灭。我父亲是不同意我去考中专做教师的，而且是坚决反对，他一心想让我考大学。

父亲因为在商业局工作的缘故，即使在交通不便的年代，也经常去大城市出差，所以他一心想让我一飞冲天，读好大学，到大城市去发展。我记得当时电视里播放毛主席接见外宾的新闻，我父亲就指着毛主席身边的翻译对我说："小云，你要好好学，考大学学外语，将来也做翻译官。"他的愿望很强烈、坚定，我也很坚持自己的想法。但是那个时代的孩子，其实人生选择权是很小的，家长权威的根深蒂固，还有对父亲的尊重，让我不能去和父亲有什么正面争执。非常有意思的是，后来我们父女没有正面争执，但私下都是做了"工作"的。

1978 年参加考试时我在溆浦二中读书，因为当时的学制是初中读两年，高中读两年，所以初二毕业就得考高中或选择考中专。先是全国统一的中专考试，因为刚恢复高考不久，我们初中毕业可直接考中专，也有高中毕业或下乡知青选择考中专的，都是全国中专考试统一试题。因此，我首先选择考中专。在等待中专分数和录取的同时，我们又参加了怀化地区组织的高中考试。这两场考试我都参加了。"不幸"的是，我"一不小心"考到了溆浦一中（高中），被全县前 50 名的重点班 49（一）班录取。这个重点班只有五个女同学，就读高中一个月后，也就是 1978 年的 10 月，中专成绩也下来了，我们这个高中班就被各大中专学校"掳走"了 40 多个同学，我们班的女同学无一幸免：一个去了卫校、一个去了幼师学校、一个去了商校、一个去了农校，只有我填了师范学校。我本来想说服一个要好的同学一起读师范，她居然坚决不当孩子王——后来当了一辈子护士长。当然也有几个考上了中专放弃不去的。后来这个名存实亡的重点班只好重新调整，49（二）班的同学自然一跃而上，两年后参加高考，这个班只有三位同学未考上大学。

假设我留了下来，应该是 1980 级名副其实的大学生。

考中专之前，我父亲坚决不同意我去，还语重心长地对我说："既然你已被高中录取，就继续念高中，考大学没有问题的，我供你。即使万一没考上，我退休，你顶职。工作前途的问题，你一千个放心。"一听说顶职，我更害怕，他成天做报表、统计各种数据，整天跟冷冰冰的数字打交道，我可不干。我只好骗他说："老师讲了，如果拿到通知书不去的话，高中也就不能再读了。"

继而我就偷偷设计：既然父亲不同意，考试的时候我就自己来"掌控"一下命运吧——保证考上师范，他也就无话可说了。

41 年前我参加中专考试的场景还深深地印在脑海中。当年的考试，有不同身份的学生（初中生、高中生、下乡知青）参加考试。上午考语文，我是认真的，轻而易举地拿到了全县考中专的最高分，记得作文写的是"在新长征的路上"。下午考数学，我做了第一页代数题，第二页几何题几乎就不做了，因为分数太高就可能被录取到湖南省邮电学校、省铁道学校、省机械学校等，我是坚决不愿意去的。我要保证分数既不够省重点中专线，又得超过师范线，这样才能如愿。

父亲呢，误听我说如果被中专录取不去上，高中也读不成，居然打电话给师范学校的领导，让他们不要录取我——考上也不要录取。否则，要找校方交涉这件事。不过好在招生办有个老师并没有按他的意思做，而是按正常的程序录取了我。我拿到了通知书，考上了想读的湖南省芷江师范。父亲很不满意，但木已成舟，也就成全我，让我去读了。

总之，从一开始，教师梦在我心里就是坚定不移的。甚至后来我回到警予学校教书，主管教育的副县长亲自听我的课，还找我谈话，要把我当成妇女干部培养，先调到妇联去，我坚决不愿意。之后一路走来，我有很多改行的机会，去商业局教育科、去团地委，包括我后来被借调到电视台，我都一一放弃了。最后还是回到学校，回到最初的选择，不忘初心。

灵魂深处总有东西一直牵引着我，无论有多少诱惑，我还是想当老师，想办学校。

我想办什么样的学校？女子书院。那种培养淑女、才女、有气质的女性的女子书院。不知道从什么时候开始，那种精英女性的形象已经深入我心。我就觉得应该培养那种自强自立的女性，所以一直有办女子书院的梦想。对宋庆龄、秋瑾、向警予、杨开慧这样的女性，我是打心眼里崇拜的。她们的精神感召力是非常强大的，就如我前文所言，我专门去过向警予纪念碑，她的墓地还在那里。站在那里，你就有种正义凛然、庄严肃穆的感觉。也许，这是彼此灵魂的再次对谈。

其实我很早就确立了当老师的理想，然后就矢志不渝地往这个方向走。但我发现很多人对于自己一生到底要做什么，会走什么途径，采取什么方法，优势在哪里，要到哪里去，都是茫然不知的！没有人生规划，没有自身定力，这是很可怕的。

人生在世，其实说起来很短暂，但理想的实现不是一朝一夕的事。而且在漫长的追寻求索中，很难不受到各种困难或诱惑的干扰，要坚定不移，初心不改，也不是一件简单的事。我经常读那些名人传记，每个成功的人的生命历程中真的需要一些东西指引：一个人、一本书、一种精神……所以我也特别提醒刚入职的年轻人，一定要找准方向，然后要有定力、有规划，一步步踏实走下去，人生一定不会错到哪里去。

芷江师范　教育起点

在经历了为了教育理想和父亲斗智斗勇后，我顺利地开始了自己梦寐以求的师范学校的读书生活。

1978年，就读芷江师范学校一月有余，我拍了一张照片（见下页）。那个时候我们只能去照相馆拍黑白照，摆出几乎相同的姿势，做出同样的表情。但是我觉得这张照片跟一般的那种面无表情的标准照还是有所不同。那年我14岁，照片里的我编了两条小辫子，别了两块绸布花，还不忘系上一条鲜艳的红领巾。我穿着当时很难见到的"丁"字猪皮鞋，背着我母亲亲自给我缝制的黄色格子小布包，青春的脸庞上满是朝气蓬勃的活力，也满是对未来可期的喜悦。

正是芳华年纪，现在回头看看，岁月里那股青春气息依然扑面而来。是的，未来怎会不美好呢？因为我要读的是自己执念很深的专业，而要去的学校也是有着优秀办学历史的湖南省芷江师范学校。

芷江师范学校在1936年8月由晏阳初先生在芷江县城考棚街（今小北街）创建，始称"湖南省立芷江乡村师范学校"，后几易其名，我毕业时的1981年，更名为"湖南省怀化地区芷江师范学校"；1989年1月，学校又更名为"湖南省芷江民族师范学校"；进入新时代，学校升级更名为"湖湘师范高等专科学校"。芷江师范学校的创始人晏阳初先生，1918年毕业于美国耶鲁大学，曾任中华平民教育促进会总干事、国际平民教育委员会主席、菲律宾国际乡村建设学院董事长，是中国近代史上著名的"平民教育家"，和向警予最初将救国之理想系于教育一样，晏阳初也把改变当时中国民众贫、愚、弱、私"四大病"寄托在教育上。他主张通过办平民学校对民众进行教育，首先教育的对象是农民，先教识字，再实施生计、文艺、卫生和公民"四大教育"。1920年回国后，他就开始着手进行平民教育工作。自1922年春天起，他先后游历19省调查平民教育状况，了解后根据民情国势，

1978年，初入晏阳初创办的芷江师范学校

提出推行平民教育的整套方法。期间，他主编的《平民千字课》（即《白话千字文》），由青年书局初版刊行。随后，他到湖南长沙进行平民教育示范工作。长沙60余所平民学校开学，共有学生1000多人。此后，湖南一些县陆续设立平民学校和平民读书处，共计1700多所，学生有57000多人。芷江师范学校亦是先生所创。也许是当时在此接受了晏阳初教育思想的洗礼与熏陶，2003年，我首次竞争上岗担任深圳市宝安区西乡街道中心小学校长时，就悟道：社会转型首先是教育转型，教育具有改造社会的功能；并提出"培养城市人、培养现代人、培养国际人"的教育目标，通过教育一个孩子，带动一个家庭，辐射一个社区。

从晏阳初创建学校，到1978年我入校读书，芷江师范学校已走过近半个世纪的沧桑岁月。其校训"勤毅朴实、敬业求真"镌刻于校门之上，经历42年的风霜雕刻，显得愈加古朴厚重。这小小八个字，也为我之后的教育人

生点亮一盏引路之灯,我的从教理念、办学理念,也在这个有着伟大思想传承的师范学校得以"养正"。

有一种研究思维我很认可,就是你永远不能脱离一个时代去孤立地研究一个人的成长。

我进入芷江师范学校学习的时候,中国正处于一个特殊的转型时期。党的十一届三中全会果断停止了"以阶级斗争为纲",把工作重心转移到社会主义现代化建设上来。中国开始走上改革开放的创新之路。

所有的一切似乎都不是那么美好,经济、文化、社会各方面都待重整旗鼓;所有的一切都又那么美好——在憧憬的未来里,我们将是中坚力量,也将是中国改革开放的见证者。在欣欣向荣的师范学校里,未来知识的传播者们,在如饥似渴地汲取知识营养,准备在祖国建设中大展拳脚。

2001年,毕业20周年,张云鹰(左一)与同学回到芷江师范学校

1977年恢复高考,关闭了太久的高校大门正在人们的期待中缓缓开启。那些在浩劫中荒废年华的人们,又重拾课本,和我们这些适龄考生一起竞争,老三届、新三届、应届生齐聚一堂的情景,恐怕也只有那几年才能看到。

离开了父母的羽翼，离开了养育我十余载的溆水河，1978年10月中旬，我父亲委托一个考上师范的下乡知青夏英琴大姐与我同行前往芷江师范学校报到。一路上，我们坐火车到怀化，又转汽车到芷江。现在高速不到两个小时的距离，当时我们整整走了一天，傍晚时分才到达学校门口。只见很多大哥哥大姐姐迎面上来帮我拿东西，嘴里说着："你们看，又来了一个娃娃班的孩子……"后来我才知道，这次我们同年级共招进来5个班，其中我们是第26班，全是初中毕业考进来的，大家就很自然很亲热地称之为"娃娃班"。其他第27至

芷江师范学校旧址的琴房

30班都是下乡知识青年和社会青年，小的20多岁，大的都过30岁了。在他们眼里，我们这个班自然都是小孩子，我们班最小的同学只有13岁，最大的15岁，我是在中间的，14岁。因而，一群人在校门口负责帮我提行李，帮我登记入册，关怀备至。其中一个姐姐谢小芬一直领着我去了二楼的宿舍，给我铺好被子，还带我去吃了晚饭，算是安定下来了。

人与人之间的交往和情谊也许都是缘分。跟我一起乘车过来的夏姐姐，在农村时就入了党，师范毕业后直接分到了怀化团地委，后来调去地委老干部中心直至退休。慢慢地，我们就疏远了，也渐渐地忘了之前的情谊。谢姐姐呢，就不同了。就读第一天的见面奠定了我俩一辈子的情感基础。1991年，我调往湖南省怀化地区教科所工作，她做了湖南省重点小学怀化地区三完小的校长。我们一墙之隔，有过很多关于教育教学问题的探讨。她长我六岁，2013年退休后，已是特级教师的她，被我盛情邀请到我现在就职的坪洲小学做了两年的普通语文代课教师。她的敬业精神与教学技艺仍是年轻教师的楷模。我们还常常在一起回忆当年在芷江师范学校的美好岁月。

也许是我从小比同龄人成熟，又是班长，就读一年后又进入学校团委会

任副书记,书记是由学校教师兼任;也许是进入师范学校只有我们一个"娃娃班",我更多也更愿意跟别班的比我年龄大的同学打交道。当然更多地还是跟学校学生会和团委会的同学打交道。

后来我才知道,我们这个年级其实有 10 个班,第 21 至 25 班是同年 3 月份入学的,也许是刚刚恢复高考,春季也考了一次。他们两年后和我们一起毕业,但比我们多读了半年。那个时候的学制似乎是有弹性的,中专是两年制的,因此,我们入读一年半后,我召集同学开会请愿,主动写申请要求我们再加读一年,即读三年毕业。

我为什么有这种想法?现在回忆起来无非有三个原因:

一是我跟大同学接触后,发现我们班的同学心智不够成熟,两年毕业后真的能当好老师,教好学生吗?

二是我发现班里不少同学还在暗暗努力,有的默默学英语,有的默默在做大量的高考试题,他们还想毕业后继续高考呢,多读一年也许考上大学的机会更大,后来确实有同学毕业后考上了大学。

三是学校第二年又招进 10 个班,都是高中毕业参加国家高考入读的,很快我和几个学生会、团委会的同学成了知己,我还真舍不得他们。事实证明,若干年以后,我和他们的情谊真的远远超过我的同班同学。如果我们延长一年,我就和他们一起毕业,那该多好!

只是不曾想过,如果和他们一起毕业,对于我们这个班的工作分配是不利的。当然这是后话。

在师范多读一年的申请报告送上去以后,我们都在焦虑地等待着:一是担心湖南省教委不批,毕竟读师范属免费生,国家需多承担一年的学生费用,包括学习费、生活费,还有困难生的补助费等等;二是担心上面有人来调查,因为我班有少数同学希望早点毕业工作,以贴补家用;三是也有个别教师觉得我们年龄小,不懂事,有些男孩生活不能料理(常是我们女同学帮忙洗被子等),也希望我们早些离开。不料,省教委居然同意了我们的请求。为庆祝胜利,我们这帮正值青春期的学生,在班里生起火炉围坐在一起,共同迎接 20 世纪 80 年代的第一个元旦,迎接新年黎明的曙光。

1978 年和我一起考上不同中专学校的同学,包括考上怀化地区辰溪师范的同学,都是两年后,即 1980 年暑假毕业参加了工作。如今有不少同学在不同的行业干得非常出色，有的则继续读大学、读研究生，甚至读到博士。唯独我们这个班在当时中专学校读了三年。毕业那年，我们班的同学大的 18 岁，小的 16 岁，我 17 岁，均走上工作岗位。很多同学分到了中学，包括我在内。有的现在还是高三语文、英语、数学、物理等不同学科的把关教师。

现在的小学、中学教师毕业时大多 25 岁左右，一毕业就谈情说爱、结婚生子，考虑成家立业——这也是很现实的问题。但是就少了当年我们毕业时的那股单纯与工作的"专一"——少则工作五年，多则工作十年才考虑个人问题。我一直在思考：现在的学生在校的学习时间是否太长，是不是占用了实践的时间？其实，一个人的学习是一辈子的事情，尤其是在实践中学习才能形成真正的能力。

当然，从现在的角度来看，有大专文凭都显得学历水平有点低，何况是中专？但是，当年中专的概念与现在可是天壤之别。那个时代，流行一种说法："一流学生上中专，二流学生上大学，三流学生读研究生"，意思是最好的学生上了中专，考不上中专只能上高中，后来再上大学，大学毕业后参加工作，工作不如愿又重新考研读研。也时常会听闻一些同学很沮丧地说"没考上中专，只能上高中了"这样现在看来很奇怪的话。也确实有我的初中同班同学当时没考上中专，两年高中毕业后成了我的学妹或学弟。当然，这样的说法有时代背景，也有些笼统——也有一些人放弃读中专选择读高中，后来上了好的大学，发展得更好。但是，中专生在 20 世纪七八十年代乃至 90 年代初的地位之重要，由此可见一斑。

从思想解放来说，我们那代人能感觉到之前难得一见的一种放松氛围，可以畅所欲言，可以读很多书，可以参加丰富的活动。我记得社会上正开始盛行朦胧诗："卑鄙是卑鄙者的通行证，高尚是高尚者的墓志铭。""黑夜给了我黑色的眼睛，我却用它寻找光明。"很多经典诗句被人摘抄在笔记本上。我则喜欢读世界名著，读外国教育学者的一些专著，以期在未来的教育之路上走得精彩。有时候，学校的草地上围坐着一群群年轻人，畅谈人生，憧憬未来，甚至通宵达旦都不觉得累，那真的是一个充满希望和生活热情的年代。

师范学校里的人际关系温暖而淳朴，可能是因为大时代环境的单纯，也因为师范生们本就知道将为人师，对自身德行的要求会更高。我记得当时物质还是相当匮乏，基本没有谁去买零食吃，偶尔有人买了点心之类的，也都开启有福同享模式——大家一起消灭它。从来没有谁去偷偷吃独食。我现在和同窗相聚，有时候会开玩笑地说："当时你们都那么喜欢我，是不是都在期待我给你们带好吃的？"因为每个月我都会让厨艺高超的母亲做很多荤菜带上，分给大家吃，也会带花生、瓜子、水果糖等当时难得一见的零食给大家。

  斗转星移，时光如白驹过隙，40余年过去了，当时斗志昂扬的我们，走出校门后或事业有成，或生活颇不如意，但无论境遇如何，我想，大家再回忆起那段青葱岁月，都会嘴角上扬吧？又听说芷江师范学校校址迁移，不禁有些怅然——那毕竟是我教育之路的起点，承载了我生命中最重要的一段学习岁月；又有些释然——历史的车轮总会向前缓行，新旧交替中孕育着进步与发展。唯愿我的母校能保持优良传统，培养更多人才。

中师生涯　幸遇良师

古人云：一日为师，终身为父。

忆及往昔，故人旧事种种，总像梦境般真实却不可触摸。无法忘怀的有太多太多，而教育路上碰到的良师，是最应该以拙笔略记一二的。

最先想到的，就是芷江师范学校时的那些老师。其中教我们古诗文与写作的肖汉雄老师，对我的影响最大。1980年，他开始接手我们的古文化课。他做学问非常扎实，博学、文雅，记忆力惊人，讲课根本不看课本，古诗词张口就来。

他教我们《诗经》、"四书"等，讲解了之后让我们背，也会要求我们去背一些好的古诗文。说实话，如果语言学习包含感悟、理解、记忆和运用四个核心要素的话，我不得不承认，我的记忆是最差的。《国风》中的文章尽管在肖老师背来朗朗上口，韵味有致，但我却背得很辛苦，但因为崇拜和信任，我也会努力去执行这个"苦差"。他要求我们背的80篇古典经文，很多同学都难以完成。可能是考虑到我们毕业后会当小学教师，肖老师改让我们背小学课本里所有的古诗词。这为我后来教小学语文古诗文奠定了良好的基础，所有的诗词我几乎张口就来，还总结了古诗词教学的四步法：知诗人，解诗题；抓字眼，明诗意；想意境，悟诗情；熟吟诵，厚积累。并将人教版教材里的 80 首古诗词进行多样化的板书设计，有的体现诗情的意境，有的展现诗句的内涵，有的帮助同学们记忆。这不能不说是得益于肖老师的"严逼"。

肖老师是那一代知识分子的典范，是老派的大学生。记得他第一次走进我们教室的时候，两眼深邃，脸上已布满皱纹，背微微地弯曲着，显得很瘦弱，看上去应该 50 多岁了。他和那一代知识分子一样，命运多舛，遭遇坎坷。

我至今也不知道，他有没有后代，毕业十年后，我曾专门回学校去拜访他。遗憾的是，其他老师告诉我，他已经去世了。之前他在学校住的房子也人去楼空了。如果他有后人，我定会联系他们，至少表达一种感恩，而当时只是默默地在他门前站了几分钟以示哀悼。现在回忆起来，也许他是知道自己的时日不太多了，于是更卖力地把生命的最后一点光热传递给我们，传递给未来将影响一代又一代孩子的准教师们。

不知道为什么，肖老师教我们语文后很快就对我另眼相看了。也许是我身上执著的教育梦和求知的热情，也许是我上课时常常举手发言或领诵课文，让这个饱经风霜的老人察觉并感动到了。肖老师对我是真的好，就像父亲对女儿一般，经常让我去他家里。那是一间很普通、很窄小的宿舍，一桌、一椅、一床，还有一个摆满了书的很不起眼的架子。我相信肖老师对生活的空间是知足的，对眼前的状况也没有多余的时间去抱怨。他教我读古诗文，教我写作，给我选择经典的古诗词让我去背。我至今还记得他对我说的一段鼓励的话：

你叫"云鹰"，以后当老师也要立大志，像雄鹰一样展翅飞翔。专业底子一定要打好，现在背书苦点，将来你可是要感谢自己的。腹有诗书气自华，一定要在这么好的年纪里多积累，多提高自己。

写到这里，让我情不自禁地想起，2003 年，我第一次当校长时，主管教育的副区长陈广源博士亲自书写赠送我的一副对联："怀云鹰之志，化莽牛之耕。"云中之鹰，真的是要立大志的，否则与"身份"不符啊！

肖老师的这段话对我的触动特别大，我运用能力还行，但是记忆力真的不敢恭维，背诗词的时候，也真的有些耐心不足。但是肖老师语重心长的这段话，让我彻底消除了背诗词的被动，只要有时间就去积累。我毕业后意外地被分到了乡下的农村中学，每个早晨还坚持在小溪边背古诗，给附近的村民都留下了十分深刻的印象。

"特级教师"这个词我是在读师范期间听说的。"特级教师"有什么特别的地方吗？我生平接触到的第一个特级教师就是教我们教育学的周之厚老师。"教育学"在一般师范生的心目中往往都是枯燥无味的，无非就是些干巴巴的概念和论述。很多人在此类课上都会设法开溜，考试的时候就临时抱佛脚，装模作样地背诵一下，考个 60 分准没有问题。但周老师的教育学课，是生动、深刻的。

生动的是周老师每每讲一个概念，会列举相关的课例加以分析；或者把上这门课的时间用于带我们到周边的小学去听课。印象最深的是城南小学王老师上的《黄鹂和山雀》，第一次感觉识字教学要围绕"音、形、义"开展，重点突出字形；第一次明白语文教师声情并茂的朗读是多么重要；第一次隐隐约约感觉到童话教学的特点。这也是我毕业后分到中学执意要教语文的原因之一，一开始校长是要我教两个班的数学，一个班的物理——那个时候的中师生是不分具体专业的，什么都可以教。王老师动听的语言，孩子们童话般的世界把我深深感动了。

周之厚老师对教育学的研究是独特的，他常常离开课本，写自己的教育名言。可惜当时抄下的"语录"都遗失了。也许从那个时候起，我就暗下决心，自己这一辈子最大的理想就是当一位特级教师。2006 年，当我成为深圳市宝安区第一位特级教师的时候，周老师的形象立即浮现在我的眼前。

芷江师范学校的三年，历经三位班主任，数个科任教师。其中，毕业于湖南师范大学数学系的工农兵大学生韩少兰老师不得不提。毕业后，她在学校招生办干过一段时间，我父亲打电话到学校让学校不要录取我的时候，就是她接的电话。据她后来告诉我，她根本没有把我父亲的意思告诉领导，她认为女孩子当老师挺好的。

无形中，她成全了我的教育梦。

当年的工农兵大学生应该是教师的主体。他们有的来自农村，父母大多是村干部；有的来自工厂，工作表现不错，或是厂领导子弟，均是一些被保送上大学的佼佼者。我们的数学和英语教师都是这部分人。

而韩老师，比我们大不了几岁，个子不高，齐耳的头发显得十分精神、利落。只是一口乡音很浓的普通话，让我们听她的课感到十分吃力。中师的数学往往是先学完高中的课程，最后一年才增加学业的难度。也许是工农兵学员，碰到一些难题，她自己都讲得很糊涂，我们听得就更加不清不楚了——这也许也是我毕业后还主动去补三角函数、抛物线等数学课程的原因。

1979年，张云鹰（左）与韩少兰老师（中）、张志媛同学喜迎新春

尽管如此，也并不影响我对她的尊重和喜爱。她待学生极好，就像大姐姐一样关爱着每位同学。谁衣服破了，她为其缝补；谁没有吃饱，她将其带到自己宿舍，拿出自己从老家带来的小食分给他；谁家里来人了，她给饭票让人去饭堂吃饭。当时，我们同学都是十人一桌，自己吃都还不够，都是用窝窝头充饥，家里来人是没法一起吃饭的。况且在那个年代，更不可能到外面下馆子。韩老师的这些举动让我深深感到了老师的真爱真情。也许她在专业学养上有所不足，但她对学生的爱却足以弥补这个不足。因此，至今我还会隔两年去看望她，就像去看望远方的一个大姐姐。她也常常惦记我，嘘寒问暖的，宛如当年。

我后来到小学当老师后，越发感到小学老师的态度与对学生的真爱远远超过其知识与能力。由此，我们也就明白了，为什么有些老师虽然一辈子都上不了精彩的公开课，却被许多学生尤其是小学生爱戴和惦念。反之，有些老师课上得很好，但班主任工作未必做得出色。当然，也有二者皆通的，那应该就是"特级教师"了。

从整个人生的发展来看，一个人能在人生的关键时期和不同阶段遇到关键的重要他人，是如此难能可贵。我常常思考，也许是努力的人更幸运，冥冥之中我遇到了这么好的老师。这段中师期间的师生交往经历，也让我在日后的从教历程中坚定一个信念：让自己成为学生的重要良师，成为学生崇拜和可学习的人，让学校的老师也认识到自己对一个个生命的引领。

青春正好　同窗情深

中师生活，是我生命的进阶阶段，学识、能力日渐精进，理想日渐丰满，至今想起，都为自己没有虚度那段时光而欣慰。而在青春的大好年华里，恰逢改革开放初始的大好时代，也是人生的另一种幸运。

那种时代即将发生美好变化的气氛，其实感染了每一个人，特别是充满朝气的年轻一代。如今很多人都跟我说："你们那代人很了不起，大多数人都给人一种一身正气的感觉。"其实这种评价，何尝不是我对自己的要求，对整个美好时代的期望？这种期望，还转化为我对他人的引导和热心帮助。

说起来还是蛮神奇的，读中师的时候我年纪还小，十四五岁吧，我竟有心改变他人，也还真的改变了一个人。

这个故事似乎很遥远了，但也留在了我记忆深处。

我有一个中师的同班同学，1963年出生，比我大近一岁。他虽出生在农村，是地道的农村孩子，但心气挺高，说祖上曾经是一乡富豪，觉得考了中师没有出息，有点郁闷，就一直想继续读书深造，毕业以后再去考大学——当时我们很多同学都有这样的想法，于是晚上借着月光学英语，躲在被窝里背单词。我这个同学就一直郁郁寡欢，老想着考、考、考，在这种郁闷的情绪下，也就不怎么与人交往，不要求进步，连共青团都没心思加入。

那个时候我是班长兼团委书记，又加上我一直属于那种很正统、三观很正的一个人，因此就找他谈话，让他争取入团。还记得我对他说："不管你以后考不考大学，都要先争取入团，需要有很好的思想基础，这种思想就是以后更好地为人民服务。"

人虽小，说话的口气可不小！

这个被我"指点"的同学叫唐玉文，师范毕业后真的考上华中师范大学英语系，毕业后被分到北京科技研究所，后辞职做地产，事业做得很大，应该是亿万富翁了。记得他曾跟我说："你知道吗，当年我真的觉得你蛮厉害的，你那么小就找我谈话，我居然还都听进去了。"在和我谈话后，我这个同学是真的受到很大的触动，思想真的发生了很大的改变，也积极入了团。不料他后来还对我有好感，有种青春的冲动，应该也是青春年少的两性相吸。我自然是委婉拒绝的，一切又恢复到从前的友情。只是后来有同学说，他应该感谢我，是我促进他奋进，给他前行的力量，才让他走向现在的辉煌。

看来，凡事心中都要有个标杆，才能超越。

所以说那个时代美好，美好在哪里呢？一切都很单纯，一切都待改造，

毕业前实习留影（前排右一为张云鹰，后排左三为唐玉文）

也很好改造。

后来他就觉得我确实说得对，不管做什么，都不能为了一己私利，为了很狭隘的目标，不管做什么，都要跟民族、人民结合起来；不管做什么，都应该为他人着想，凡成大事者，都要有这种大爱。他后来能有这种诚实的认知，我倒反过来觉得他厉害了——能这么解读。其实当时我也是这样和他谈的，对自己话的轻重与否，深刻与否，是没什么深刻判断的。至于他怎么想的，我不知道，但他觉得我对他的影响是很大的。无心插柳也好，一身正气的感染力也罢，反正我也算是在小小年纪做了一件大事、好事。如此看来，自身层面的故事，往往跟他人重叠。

那个时代，真的有太多积极上进的人了，而且上进的动机都是那么单纯、诚挚，露出真实的成色。我还有一个同年级同学叫张志媛，现在是我们湖南怀化党校的教授。她应该比我大两岁，当时她 16 岁。那个时候她就对我说："我告诉你，我 18 岁不入党誓不为人。"她说话的那个样子就像小英雄刘胡兰，信心十足。我觉得我已经很上进了，居然还有比我更上进的人。后来她真的入了党，毕业以后在妇联做了干部，之后又在党校教学。我发现她很适合在党校当老师，因为她一直精力旺盛，一身正气，有股积极向上的精气神，不被外界打扰，不被他人牵动。

不能不说，她对我是有影响的。我总觉得生命中这种最美的缘，是纤尘陌上的记忆。

还有一个对我影响更大的师范学校同年级的同学，也是我最好的闺蜜，叫王静。我们在师范学校时结下了深厚的友谊，一直到她突然离世。

她是比我低一届但属于高中毕业考进校的，实际上比我还大两岁。因为她是学生会宣传委员，我们常有接触。渐渐地，我发现她懂得很多，法律知识、医学常识等，给人博学的感觉。每每跟她在一起，我都很享受。她喜欢写诗，我们常在校园一角聊聊诗情。晚饭后，我俩也会去校园附近的河边散步，当时她还说到她班里一个比她还小一岁的男同学似乎对她有好感，有事没事都愿意凑近她，还说请她一起去看电影。我问她怎么办。对男女情感之事，我可能属于比较迟钝和晚熟的人，我们班也有男女同学利用晚自习相邀去看电影，有些女生还接受外班同学的邀请。我居然还组织干部会，批评教育他们，说是要把大好时光用在学习上，不能蹉跎岁月。

当然，对王静，我是放心的。一则她比我更成熟，知道自己想要什么；二则她会很巧妙地善待他人的真情。果然不出所料，她告诉我，与那个男同学现已姐弟相称。那个男同学也十分优秀，文章写得极好，常常在校刊上发表一些散文诗歌。不知怎的，读书时期，我对能写诗写散文的同学很是敬仰。以至于后来我儿子在十八九岁时，在作家出版社连出两本诗集《寂寞的街角》《下雨边界与梦里蝴蝶》，我还担心会不会有女孩暗恋他，会不会由此带来感情的"骚扰"与困惑。当然是我想多了，如今的年代，外在的诱惑很大，难有几人能沉下心来去读诗悟情了。

王静和她的男友，同学们都知道他俩在同窗两年期间是无话不谈的姐弟。毕业后，他们慢慢地发展成为彼此信任、彼此理解、彼此成全的夫妻，成了同学们羡慕的一对。我也见证了他们的情感历程。应该说，在当时几乎每个班都有同学之间结婚的，有的是与本班同学，有的是与外班同学。也有的在学校谈得轰轰烈烈，结果分道扬镳，而有些默默无闻，大家全然不知，却走到了一起。这么多年来细细一想，一切皆缘。

王静还跟我说，夫妻之间必须有一个人多付出。因此，她宁愿放弃自己的追求，也要支持丈夫的事业。她成了真正的贤内助。尽管她自己教书、写作也是一流的，20世纪80年代就组织教师编写校本教材，很早就是怀化铁路一小主管教学的副校长。她先生更是平步青云，从改行做普通房产局干部到中方县副县长，再到怀化地区规划局局长。所以说，一个成功的男人背后一定有一个优秀的女人。

我和王静属于那种半夜十二点有事都可以毫不顾忌"打扰"对方的人，他的先生也深知我们之间的情谊。古人说，人生得一知己足矣。她就是那种一生中难再寻觅的朋友。

我们彼此无话不说，了解太深，在我离婚时的那段迷茫日子里，她给予了我生命道路的指引。

我离婚那年刚好30岁，是我自己坚决要逃离的。儿子父亲人很善良，长得也帅气，体育专业，如今的湖南省大学生3000米长跑还保留着他的纪录，他也是湖南省国标舞——探戈比赛的前三名。也许是因为价值观不同，他当时在怀化地区商业学校做体育教师，每天沉湎于唱歌、跳舞，对工作事业无所追求。而我是最鄙视一个男人毫无进取心的人。因而，我们协议离婚，我唯一的要求是儿子归我。结婚前我们就已声明儿子跟我姓，当然这也是我父亲的条件。不管谁娶我，生儿子都是要姓"张"的，也足见我父亲的传统思想，他是希望张家有后吧！

因为离婚时尚年轻，不管是外在的条件，还是内在的条件——在怀化地区教育科学研究所从事教学研究工作，其实要再找个对象是很容易的。当时有地委组织部未婚干部主动追求我，当然对方希望我把儿子交给他父亲抚养。可我一直觉得一个女人可以没有丈夫，却不能没有孩子，可想而知，此事最终无果。特别是我们地委宣传部部长知道我离婚了，就立马介绍了一个对象给我，后来听说是他家亲戚。

对方是部队转业军人，之后下海经商，非常富有。在1994年，大家还在创万元户的时代，他已经富到什么程度呢？已经不是万元户了，应该是百万元户了，有车、有房、有公司，还有很多店面，怀化鹤城区中心市场的一条街几乎都是他的。但据了解，他文化水平并不高，就想找一个知识女性——传宗接代也好，帮他做事业也罢，一定是有所图的。

第一次见面，他就拿了一大堆东西，裙子、化妆品之类。他还跟我说他在市中心有一个化妆品店，很大的一个门面，可以交给我去经营，让我去当老板娘——暗示我可以辞职了。当然我想自己办学也可以，他投资，想做其他的也行。总之，让我感觉是我现在这份工作是不能干了，要跟着他闯天下。

其实面对这些条件，我也考虑过。尤其是谈到可以自己办学，我马上憧憬着办书院式学校。但一想到他的内涵、思想，除了谈钱、谈生意还能谈什么？我左右为难、犹豫不决，又是领导介绍的，如果拒绝，总得有个说法。

我只有求助王静了，她一定会给我指明方向的。她应约如期而至，跟我认真谈了谈，并说："你要回到内心，你最想要的是什么？是这种每天穿着漂亮、衣食无忧的富裕生活，还是追求自己的理想？你是要这种外在的物质的东西，还是想活在自己的精神世界中？婚姻也好，人生也罢，你最想要的是什么一定要想清楚。"

后来我真的认真去琢磨思考，我觉得我最想要的还是自己的教育事业，这才是我最想要的人生。尽管他提出我可以自己办学，对我这个一直抱有办学理想的教育者来说，非常有诱惑力，但仔细想想，真的要去实现，并非想象得那么简单。对方后来还提了几条要求：第一，可以提供给我所有的丰厚的物质条件，满足我的需求；第二，要我辞职帮他打理生意，还说以后生活在一起最好要出双入对；第三，我们之间一定要再生孩子。

我和王静总结了一下，他是希望找一个知识女性，可以帮他把事业做得更好，比如去谈判、签协议之类。当时有很多商人都希望有一个可以撑门面的相对漂亮的女人出去谈判，可提高成功率。另外，还有一个很重要的因素就是找个知识女性生个孩子，在情商，尤其在智商上会更好些。他之前的老婆就是一个纯粹的家庭妇女。如此一来，我觉得他把我当成花瓶一般，当成生育工具。

权衡利弊之后，我不顾领导的颜面，拒绝了。我当时确实觉得做教育的心愿未了，我还有很多想法，还有很多事情没有做。这也促使我后来义无返顾地拒绝。尽管多年以后，很多同学、朋友都替我惋惜，认为当时我如果选择他，整个怀化的鹤城商业街都是我的了，更不用远走他乡，颠沛流离地从头开始。但我自始至终没有后悔过，如今的每一分钱都是我自己挣的，尽管很辛苦，但我活得坦然而自在。

所以说我这个同学王静，在我的人生中算是重要他人——不论物质生活上，还是精神沟通上，她都是我生命中最温暖的遇见。

1997年我调来深圳，她每年都会从老家怀化过来看我。我当校长后，她还和我一起选拔学校中层干部并为他们培训。我们还在设想，等他儿子考上大学，她就提前退休，来深圳跟我一起干。但是非常遗憾的是，2005年，我们一起去了沈从文的家乡凤凰后不久，她出事了。

那年国庆十一长假，我心血来潮，特别想去古城凤凰看看。尽管离怀化很近，我也从未去过。因此，我跟王静商量："静姐，今年十一假期我想回来，我俩好好聚聚。"她说："你想去哪里？"我脱口而出："我们去一趟凤凰。"她说很好，然后就帮我把行程及住宿全部安排好了。等我过去，一切安排妥当。我俩漫步在古城石子街上，道路不宽，挤满了游人。街道两旁出售琳琅满目的小商品。我们看见游客把自己的照片，更多的是一家人的照片印在陶瓷杯子上带回去。看到此情此景，她很动情地说："我们两个也照张相，带个陶瓷杯回去留作纪念吧。"她当时讲的时候，我没有多想，觉得也挺有意思的，就毫不犹豫地拍照，把照片印在杯子上，她一个我一个，一直珍藏至今。

我压根儿就没想到，这是我俩此生最后的一张合照。

时隔一个月，一天早上八点多钟，我正在深圳盐田一所学校评估，突然接到老家同学的电话，说王静去世了。真是晴天霹雳，我怎么也无法相信，眼泪不由自主地哗哗流，甚至忍不住啜泣。同行评估的专家不知所措，不知出了什么大事。我说一个同学去世了。他们可能是看到我如此伤心，竟猜测说："是不是你的初恋情人啊？"对我来说，初恋情人已经翻篇了，即使有那么一天，我也会非常平静。人与人之间最重要的是心灵的碰撞，思想的交集。

于是我马上订最早的火车票，终于在第二天凌晨三点赶到了，一路在想：无论如何要在她火化前见上最后一面。我在火车上一夜未眠，想着我们昔日种种美好的时光。我一直纳闷，春节前她还特意来深圳看我，离开时依依不舍；十一期间我又千里迢迢回乡与她相会，这次是真的永别了吗？！

当我目睹她一个人孤零零地躺在一块木板上的时候，整个人眩晕了，只有眼泪，不能发声，全身颤抖，完全不能控制自己。她丈夫赶紧扶着我，让我坐下。这是我母亲去世时都不曾有的感觉。也许母亲已年迈，而且病了两年在床上不能自理，我是有些心理准备的。而我的静姐，才40岁出头，上个月我们还在一起有说有笑，现在怎么说走就走了呢？我打心里无法接受这个残酷的事实。尤其是第二天，当我亲眼看到她被推进火葬场，半小时后捧回的是一小盒的骨灰时，我心里是难以言说的悲凉。这难道就是人的一生吗？也许，从那一刻起，我更觉得生命短暂，我要用好每一天，寻求自己生命的最大公约数。

给我报信的那个我师范学校的同班同学，她的一句话，让我伤心到如今，依然无法释怀。因为当我听到静姐去世的噩耗，告诉她我马上回去时，她说："你不要回来了，反正人已经走了。"

这句话真的让我震惊，也让我愤怒——也许是这个同学根本无法理解我和静姐从青春期建立的友谊深厚到什么程度，也许她是随意说出这样的话，担心我旅途劳累，但真的让我无法原谅她。

我当然不会如她所说，连静姐的最后一面都不见。回去后，我才知晓王静去世的前前后后。去世当天她去了邮局，先是领回了我从深圳给她寄去的包裹——因为十一见面期间，我看到她脸上长了些许斑点，就寄去了祛斑的化妆品，还选了几件衣服和裙子寄给她。听说，她当天就穿上了我买的衣服。晚上回家接着写学校的一份报告。先生有应酬，到家时已近凌晨，随即就睡了，叮嘱王静早点休息，明天再写。也许是她又继续写作，到凌晨三点左右的时候，她老公发现她喘着粗气，叫唤已无应答，感觉不对，就打了120，医生赶到时，说她是突然犯了心脏病，已无力挽救。那一年，她才42岁。

我真伤心，因为我觉得她就是我的灵魂伴侣，我有很多跟别人不能言说的都可以跟她说。一生很难遇到这么一个朋友，可她突然就消失了。

后来我看她的遗像时，还不能抑制地发抖。因为她给了我很多温暖，她是我唯一一个晚上十二点钟可以打电话，凌晨一点钟可以打电话，随时随地都可以呼唤，也是最能读懂我的一个人。甚至在我儿子18岁以前，我对他说："如果妈妈突然有什么意外，你在这个世界上没有什么亲人，有什么事情你就第一时间去找王静阿姨，她会像你亲妈一样待你的。"王静去世后，儿子还问我现在还能找谁？我告诉他过了18岁就成人了，要学会面对一切意

湘西凤凰，张云鹰和王静（左一）最后的留影

外和苦难。

　　青春年华里的友谊，是真的可以深到骨子里去的。

　　我只要清明节回去，都一定要去看她。她给了我太多的理解和帮助，包括后来改革开放的年代里，我的几次搏击、沉浮与选择，她都一直陪在我身边。

　　所以她走以后，我真的很长时间都不能走出来，我总觉得这种精神层面的朋友走一个就少一个，可遇不可求。当然，我之后也碰到能说到一块儿的朋友，但是毕竟不是从读师范时的青春年少一直到工作，一路上相互扶持，一步步走过来的。只有她了解我的过去，懂得我的现在，还预测我的未来，遇到这种人的机会真是太少了。

回望芳华　亦苦亦甜

在师范学校读书的三年，无论从自身的感受还是从整个社会的发展变化来说，都是非常美好的。

似乎是在"文革"期间压抑了太久，我感受最深的就是文化艺术方面的突然绽放。比如我们以前只能听听样板戏，唱唱革命歌曲，突然传来了邓丽君柔美甜蜜的歌声，大家都听得如痴如醉。文学创作也开启了一个新的时期，刘心武的《班主任》等带有新时代气息的作品开始出现。《当代》《十月》等纯文学杂志也开始刊登一些优秀的文学作品。在衣着时尚方面，大家一改过去色彩单一、非蓝即黑的风格，衣服颜色也开始明艳起来，款式也开始多样起来。现在去找那个时期的照片，会发现很多人开始穿夹克和喇叭裤，现在看起来很想笑很突兀，但在当时，先锋味道十分浓烈。

在学校里，我们这群朝气蓬勃的年轻人，自然最能感受到这样的开放气息。我们开始排练歌剧、舞剧，写剧本，设计服装道具，那种热情和幸福感，至今都在记忆里无法抹去。

我记得在怀化师专美术系当系主任的堂哥，特意到我们学校来公开挑选模特。很多女生第一次接触到模特这个词，感到十分新奇。过去一想到模特，就是坐在那里，让别人看着画，感觉非常羞涩，都不愿意报名参加。但这次却一改过去的做派，很多女生踊跃报名。我当时也兴致很高，连忙跑去参加。结果我堂哥一盆冷水泼下来："小云，你就坐一边看看吧！你那张娃娃圆脸，立体感不强啊，我们画不出好的效果。我们的模特身形、面部都要有雕塑感。雕塑感,你懂吗?"

我也没感觉有多挫败,没雕塑感就没雕塑感呗,我就坐一边看热闹吧。

师范学校同学中有经过专业文工团专门训练过的。要知道国家刚刚恢复高考,不少从小就被招进当地文工团的小演员,也想通过高考另辟蹊径,改变自己的人生航线。

其实在上小学的时候,湖南省花鼓戏团也来我们警予学校招生,我也被看中过,只是没有去。反正当时我们师范26班42个同学就有四个同学是从当地文艺班考过来的,其他班也有这种情况。歌唱家宋祖英也是小学就考进了当地文工团,后来送去省歌舞团进修,被导演发现其潜质,因此走红。可见,湖南省一直都很重视艺术人才的培育,不仅是高考高分大省,也是艺术家的摇篮。

因而在这样一个百花齐放的时期,那些有着艺术天分的人自然是掩(饰)不住光芒的。被堂哥他们选上的同学大多是文艺班出身的,他们的一招一式表现出应有的专业素养。美专老师画出来的画自然也是上品。如果那些画现在还保存着的话,一定是很有价值的。

我还记得有一个同学,她舞跳得特别好,尤其是表演独舞《白毛女》,直到现在我还记忆犹新。我们也自编自演过《珊瑚颂》《采茶女》等歌舞。我们班还有个同学从五岁开始学习拉二胡,也是文艺班考进来的,她来校后第一次登台就拉阿炳的名曲《二泉映月》,那如诉如泣的曲子响起,和音乐家相比也毫不逊色。当时不知道有"偶像""粉丝"这样的词汇,现在想想,我们那批同学中绝对是有校园偶像的。诸如谁谁谁像"李秀明",谁谁谁是"小潘虹",真的都颇为神似。湘西出美女,真是一点不假。

也许是回忆起来,我把不好的记忆自动过滤了;也许是我一直的乐观使然,使我感觉不到属于那个时代的痛苦记忆——但我又不得不承认,在那个人生的芳华期,我们体验过最甜蜜的事,也感受过属于共同记忆的苦。我的个人境遇无法掩盖整个时代同龄人的一些艰苦记忆。

而我在其他人的生活方式影响下,也自动找了一些"苦头"吃。如今想来,若没有那些体验,人生将会有多么大的遗憾啊!

那个时候的孩子,普遍都懂事很早,甚至于早早为整个家庭的生计而奔波。我们每个假期,大家的普遍日常生活,就是帮家里干活,或者打些小零工，补贴家用。那时候，我们有些同学在小学就开始利用周末休息和寒暑假在外面打零工挣学费了。社会上、学校里也很提倡孩子们去劳动，"劳动光荣"的观念真的是深入人心，所以也不存在非法雇用童工之类的说法。

其实当时能让孩子去做的事情是非常少的，有些人苦苦寻找，想出力却找不到地方。我记得我们那里有磷矿，需要有人把矿石从山上挑下来。挑100斤矿石，给5分钱。就是这样的零工机会，也是要靠争取的，有些跑得慢，根本抢不到。我一个同学因为母亲是磷矿的厂医，她才有机会去挑矿，她开始只挑60斤左右，为了一担能挣5分钱，她是硬着头皮咬着牙，坚持挑100斤。直到现在她还向我倾诉，当年家里有三个弟弟，为了挣点零花钱去挑矿，挑矿挑多了，一直不长个，才落了个1.5米多点的矮个头。她还跟我说中小学时代，最美好的回忆就是一次外婆悄悄地给她两毛钱，她买了一碗水饺，至今都感觉美味、香甜。

曾经劳动的场景，挑箩筐的张云鹰

我还有个男同学，家里很穷，妈妈带着他们哥几个经常到矿石场挑矿；在锅炉旁捡煤渣；在火车站、汽车站捡橘子皮，晒干了卖给药材公司；捡烂铜烂铁卖给废品公司……

看着别的同龄同学都在积极劳动，我就无法待在家里了——我也要出去做工赚钱。从12岁开始，一到放暑假，我就四处去找活干。不过我还算幸运的，父亲在商业局工作，当时商业局下面管辖的公司很多，有生资公司、土产公司、五金公司、百货公司、药材公司、外贸公司、副食品公司、肉食品公司、果品公司、水产公司、服务公司等等，很多公司的人都认识我，知道我是"张老师"的女儿，加上自己的个子长得比同龄人高大，所以找工做就相对容易一些。

"打工"的日子开始了，我先是找了一份土产公司的"小工"干——扛杂木棒，就是在土产公司仓库里将凌乱的杂木棒子捆好，再扛到外面的货车上，由司机运往火车站，按当时的说法是支援国家建设。如此干一天赚1元2角，我十分开心，比起同学挑100斤矿才5分钱，不知要好多少倍。

之后我又去外贸公司帮着剪新鲜辣椒，剪好了他们就将辣椒晒干，再装好袋运往火车站，按现在的说法就是外贸出口了；去果品公司刮红枣、做蜜饯；去服务公司卖冰水……1元2角钱对我家来讲是小事，但当时我这样度过自己的寒暑假，感到很有意思。

有时候我母亲看到我做得辛苦，就和我商量要帮我做，比如说，给外贸公司晒干笋，清早五点就要起床，先把竹笋皮拨了，再用开水泡一泡，然后到河边把笋子洗一遍，洗好后就将笋子切成两半晒干。如此复杂的活，我都断然拒绝母亲的帮助——自己是要主动接受劳动锻炼的，母亲若帮我，别人是会笑话的。

那些或苦或甜的记忆，都应该用最深刻的笔触记在青春纪念册里，那是属于一代人的共同记忆，也是属于我个人的记忆。而记忆的最大功能，是让我找到一些镌刻在青春时代的关键词，比如自觉与自强，热情与努力，纯美与幸福感……我希望读到它的同龄人，能在其中找到当时自己的影子；我希望年轻人能在属于一个时代的记忆里，找到热情、坚韧、拼搏的品质。

我希望我自己，在这些文字里，获得一种青春无悔的欣慰感。

中篇　角色多元　执我所爱

　　1980年代初期，万物苏醒。
　　敏锐的弄潮儿，已经听到新时代的召唤，并自觉开启了奋斗之旅。中国大时代的荧幕上，出现了很多奔跑者的矫健身影。因为时代赋予每一代人的机遇不同，所以每一代人的命运也有所不同，但是命运对于那些肯努力奔跑和改变的人，总是青睐有加的。
　　在湖南的一个小城，张云鹰的教育之路绵延展开。在创造、创新的改革大环境中，她做出了哪些变革之举？在人生的多元角色中，她又如何坚守教育初心？

毕业分配　风波突起

我们那一批师范生都是十分优秀的，那个时候有个说法是：中师生撑起了当时中国教育的一片蓝天。按现在的评价标准，中师生一定是能上"211"和"985"大学的。套用最近一个时髦的说法，那个年代，是中师生的"芳华"年代。

在芷江师范学校的三年里，我一直做班长、班级团委书记、学校团委副书记，学习也很优秀，经常获得学习标兵、优秀团员等荣誉称号。但是后来毕业时，却发生了让我意想不到的一件事情。

在读书期间，我在文学、舞蹈、组织、主持等方面，都展现出较强的能力，发展得也很全面。当时芷江师范学校的丁校长还亲自找我，问我是否愿意留校做学生工作或者学校团委会工作。但因为我是独生女，又是特殊的家庭关系，我父亲一定要我回去，否则就与我脱离父女关系。包括之后我的初恋，因对方家庭是南下干部，父亲是县教育局局长，我父亲以"当官的子女都是纨绔子弟"为由，又以"脱离父女关系"威胁我放弃。这次，自然就只好回到溆浦了。

谁知等到回来期待分配的时候，我就遭遇了命运的第一次不公平。

当时的国家分配政策：一是考虑毕业生在校表现；二是考

虑毕业生家庭的实际情况。比如说，独生子女家庭的特殊政策，既不会下放到农村接受贫下中农再教育，也不会分配去农村工作。因此，我和父母都觉得按我在学校的表现，以我的学习成绩，以我独生子女的身份，怎么也应该留在城市——不管分到哪里，至少不会分到农村去。我父亲是个旧派知识分子，颇有些清高，拉关系、走后门、找领导说情这一套他是决然不做的，也绝不会去做。况且我父母都觉得以我的各种条件，肯定会分到城市某个学校，也就没必要担心。

结果最后的教师分配大会上，风波突起。

我至今仍然记忆犹新，当年溆浦县从各类师范毕业的学生一共是47人，分配大会是在县教育局三楼召开的，所有毕业生全部集中在会议室，教育局局长亲自讲话后，大会颁发从师范学校寄过来的毕业生优秀奖状，我至今也不明白当时为什么不在毕业典礼上发，而到分配会上发这个奖状。我高兴地接过局长给我的芷江师范学校"优秀团干部"的证书。发完奖后宣布分配方案——那时候没有什么任命文书之类的，就一个一个地口头念，当我听到我被分配到"溆浦县桥江区新坪中学"的时候，我当时就蒙了。

新坪中学属于区镇农村学校，按现在的交通便利情况来说，离县城仅有十里路，不是很远，但当时的十里路是要步行的，更何况这个学校的教育实力肯定不如城里的学校⋯⋯

我也是个性情中人，又加上有心理落差，年轻气盛的我居然冲上去当着那个局长的面，把他刚发给我的奖状撕了个粉碎。他看情况不对，就安慰我说："小张，先下去锻炼锻炼吧，以后我们会考虑你的实际情况的。"

然后回到家里，父亲知道我被分到了农村学校，十分意外。而我又是独生女，不像其他人家里兄妹成群，走了一个还有其他人在眼前。于是，父亲就劝我，让我放弃这个工作。因为父亲在商业局工作，还有些威望。商业局里面又有个教育股，当时去商业部门的年轻干部很少，而我们一毕业就属于国家干部，因此，以我的学历条件是完全可以改行去教育股工作的。父亲后来还说，商业局局长也同意了，一切都安排妥当了。

因为事发突然而产生失落感，我的确郁闷了一段时间。但到最后我还是不愿意接受父亲给我重新安排的工作——我没办法说服自己师范毕业后不去教书。其实那个时候商业局的工作环境特别好，也是很多人梦寐以求的单位。我记得我的不少同学都心甘情愿地嫁给了商业部门的采购员、售货员。

时至今日，我仍然记得我们小时候买东西都需要各类票：布票、肉票、缝纫机票，甚至鸡蛋票、豆腐票之类，可谓一票难求。而因为我父亲在商业局，又没有过多的子女，根本不存在这个问题。按常理来说，结合当时的各种情况，我接受父亲安排的这份工作是最好的选择，也是很多人求之不得的。我却由始至终不愿接受，甚至没有半点犹豫。

现在看来，我还是想去教书，骨子里还有这份执念。父亲知道我对于这份执念曾有的倔强，也不忍违背我的意愿，最后只好点头同意让我去那个离家十里路的农村学校，翻开我教育人生的第一页。

现在我都记得很清楚，第一天去报到是母亲陪我一起去的。当年我14岁时第一次外出读书她都没有送我，这次是怕我委屈吧。平时像公主一样长大的我，突然要离开城市去农村工作，疼爱我的她一直忧心忡忡。我出发前，家里气氛很沉闷，好像我要去受什么苦似的。

那个时候没有公交车，我母亲拉着一辆板车，车子上载着我的行李。碰到狭小的泥泞的路，我就在后边推上一把。那一幕我永远都记得，湖南9月的天气已经微凉，路两边的树木、野草也没有了夏天时的勃勃生机，除了偶尔的鸟鸣，就是母亲一路的叹息。现在的大学毕业生，一毕业就20多岁了，而我当时只有17岁，要到一个一无所知的陌生的地方，母亲难免伤感。她对我说："不让你读中专你非读，叫你改行留在商业局教育股你又不愿意留，你这个孩子，就是倔强。"面对母亲疼惜的责备，我什么都没说，因为这是我自己的选择，那就顺着选择到达我想去的地方吧。可能我就是属于那种能坚持己见的人，也很自信。按我父亲的说法，我从小就是一个叛逆的人。

十里路放在现在，也就是几分钟的车程，但是当时要步行，还要拉着板车，我和母亲似乎走了很久很久才到学校。只有路两旁的杨柳依依，让我感到有些轻松。

我一边走也一边想，其实自己可以有很多选择，为什么誓为人师？向警予的深刻影响，是重要的原因。还有一个原因就是我从小比同龄人要成熟一些，所以思考的问题也会和别的孩子不太一样。比如当时读一、二年级时的班主任，我就感觉她对学生不公平。

这个"不公平"是个什么情况呢？

她对当时武装部的小孩特别好——不管成绩好不好，表现好不好，对他们特别优待，都会给他们"一官半职"。对街道干部的小孩也是"另眼相待"，我班有个居委会主任的孩子，一天到晚脏兮兮的，学习又不好，这个老师居然让他当大队长。后来这个同学初中没毕业就读不下去了，成人后做了伙夫。我那么小就能体会到老师对学生的不公平，这是一件很奇怪的事情。按现在的理解，就是这个老师很势利。

那个时候我就在想，如果我当老师，一定会很公正地对待每一个孩子。有这个想法也是因为我一上学就很优秀，不管是在学习上还是别的方面，但她教我们两年，对表现好的、学习好的学生视而不见，从未有过什么鼓励。难道那个时候我就觉得教育工作者一定要"为人求真、为学求实"？

到三年级时我碰上了一个公平公正的班主任——向运翠老师。在她的班里，我几乎是自然而然就做了班长，其他同学也得到了公正待遇，后来一直到师范毕业、读大学，我也都是班干部。

2000年，张云鹰（前排左）等小学同学为班主任向运翠老师（前排中）庆祝60岁生日

其实做不做班干部倒不重要，重要的是她恢复了我对人的公正性的可贵认识，这是最宝贵的体验，同时她的鼓励也让我树立了信心。所以，一个好老师会让学生感怀一生的体悟，也是从她身上得来的。我一直很感谢向老师。

她上课是很平淡的，甚至不讲普通话，讲的是地道的方言。但她的班主任工作是一流的。那个时候她就会把自己的办公桌移到教室，学生无时无刻都会见到她的身影。只要一看到她，大家就特别踏实、安静。尤其是她给了我一个为人师者要公正的榜样，给了我最初的信念。一个教师，一个小学教师，最大的成就不正是用积极的影响力去塑造一个稚嫩的生命形状吗？这显然是比知识教育更为重要的事。

来深圳后，有一次回老家，我和同学说第二天想买点东西去看看向老师，结果很奇怪，我们一走出宾馆就碰到她了。也许是心有灵犀吧。

还有一个影响我选择教师行业的老师。我上初中的时候，教我们化学的张老师，也是我们的班主任，他有个特别不好的习惯——若干年后我还写了一篇文章叫《师源性障碍》，就是受他的"启发"。

到底是怎么回事呢？

1976 年、1977 年，如果一个普通家庭有一块上海牌手表是很让人羡慕的。他就拥有了——很了不得的样子。然后每次上课，他就有意亮亮自己的手表，他把手表戴在右手上，扬着手挽两圈，唯恐大家看不到他的表。我每次看到他这个举动，就觉得特别烧心，觉得影响了我的整个思维和学习。我不知道他每一次展示他的表，对其他同学有没有影响，但是对我的影响却是很大的。

然后我就想，老师的这些行为是不是会影响学生学习？等我当老师后，体会更深刻了，还专门写了篇文章——《师源性障碍》发表在《小学语文教学》上，阐释了教师行为举止对学生学习产生的障碍，即师源性障碍，以及这种障碍对学生的消极影响。在那篇文章里，我举了很多例子，包括我们读师范时的一个老师，个子不高，教物理的，在黑板上写字是双脚跳着移动地晃来晃去。我就觉得这些举动都属于师源性障碍，都会影响学生学习。

后来我管理学校、管理老师，就特别注意老师的一举一动、一言一行，强调老师的语言举止要给孩子以美感，而不是举止怪异，影响学生的正常思维和学习进程。

可能我身上对教师、教育的理解力是从小就有的，这些细节，这些触动我内心的东西，我每一次发现就会想，如果我当老师，我应该怎么做，尽力去阻止这样的事情发生。所以，我常常在想，一个人的初心所在，一定是他走向成功的动力源头。

虽然经历了毕业分配的打击，我依然坚持自我，想把自己内心不为人知的对教育的体悟化作教育现场的某些救赎。

我很快调整心态，在钟爱的教育征途上，踏出了坚实的第一步。现在回头想想，我应该感谢在新坪中学的那两年，一切从不美好开始，却以美好结束，我在逆境中锻炼了自己，毫不夸张地说，这是我人生中最宝贵的一笔财富。

世无绝境　心安则定

母亲用一辆平板车把我送到了新坪中学，看着破旧的校门，母亲终于擦干了眼泪，帮我收拾。既来之，则安之，母亲大概是这么想的，我也是。然而学校条件之差，一开始还是让我有些不愿接受。

宿舍是一排土坯砌成的房子，屋里有一张床，一张桌子，一把椅子。厕所更是可怕，一个大大的坑，需要小心翼翼才不至于掉下去。生活上是所有教师都在学校饭堂吃饭，当时交多少钱我已忘了。只是教师每天只有两顿饭，上午八点半吃一顿，九点开始上课，因不少学生需走一两个小时的路才能到学校。下午四点半吃一顿，其他时间饿了就扛着。学生大多是从家里带一顿中餐过来，中午是不回家的。也有家里困难的学生就饿着，回家才吃晚饭。

第一天晚上是最让我难忘的——在家开灯照明习惯了，在这里却只能点煤油灯。即便是油灯，也不是你想用就用的，学校每个月给每一位老师发2斤灯油，用完了就自己想办法去买，否则，晚上只能摸黑了。最恐怖的是，晚上上厕所怎么办？全校黑灯瞎火，从宿舍到厕所还要走过一条土坡小径，一不小心真的会掉下去的。有老师建议我，就在房里拉，第二天早上再去倒掉。可是就一间不足4平方米的屋子，那不熏人吗？在没有回家拿手电筒之前,我就强忍着,晚上不出去。

更为让我感觉生活无望的是我和一位老教师的谈话。

当时我们学校有好几个"半边户"老师,就是那些老师家里还有田地,老婆是农民,自己是民办代课老师,也有的是下乡知青考出去分回来的正编老师,他们下乡时已经娶了农村媳妇,也成了"半边户"。他们平时可以在学校住,然后兼顾农活之类的,尤其是农忙季节或是双抢季节,除了学校正常放"农忙假"外,他们往往还会多请几天假,而那时就要我们这些全职教师无偿代课。

我就和其中一位这样的老师聊天。记得他姓夏,教英语的,高高瘦瘦,很斯文的样子,看不出是"半边户"老师。后来才得知,他是因父亲被打倒受牵连才来到农村接受改造,因结婚生子,也就没有返城了。他的父亲曾为国民党军官做过翻译,他的英语也是小时候跟父亲学了一点,后来又自己学许国璋英语、疯狂英语900句等,才做了英语教师。难怪一看气质就不一样。我不由自主地想到自己的身世,也许也是父母不希望我受到牵连,才将我送人的吧。

当时我很天真地问他:"唉,不知道什么时候可以离开这样的学校。"那位夏老师很诧异,就很不屑地说:"离开?你刚来就想着离开?我在这里都快十年了!有的老师从一建校就来了,没有离开过,你就安心吧!"

我一听,哎呀,要待十几年,太恐怖了!

有时候躺在床上,听着乡野间秋虫的鸣叫,我会感叹:我在哪儿?我在做什么?

这所学校的校长也是"半边户",也常回去务农,能有多少时间和精力用在教育上,用在培养我们这些刚毕业的年轻教师身上?不是任由我们自生自灭吗?从他对我的工作分配来看,我就极度失望。

那时候的中师生分到中学,就意味着语、数、英、理、生、化都有可能教。但至少校长应问问我们的特长爱好,这样才更有利于专业的发展。但是,他一见面就对我说:"你从现在起,教两个班的数学和一个班的物理。"我停了片刻,恳求他:"能不能让我教语文?我从小喜欢文学,不会让你失望的。"他斩钉截铁,说什么都不行。这时,旁边的一个看上去比我大不了几岁的年轻男教师主动说:"校长,我跟她换。我教数学和物理,就让她教语文吧。"校长犹豫片刻，终于答应了我们的请求。只是又给我增加了任务，教初一年级四个班的音乐。后来得知，那个男老师姓向，也是当年的应届毕业生，是下乡知青考进湖南辰溪师范毕业的。我离开新坪后就与他再无联系了。只知道他后来调去省重点中学溆浦一中继续任教数学，成了很有名望的高中数学教师。

因为校长的"乱点鸳鸯谱"，差点葬送了一个知名的语文教师和一个德高望重的数学教师的前程。如此看来，每个教师都有其独有的专业特长，所谓"一专多能"也是这个道理。每个人都有与生俱来的优势，你不能指望一个文学家，同时又是一个华罗庚式的数学家。

好在我小时候以及后来读师范，学过脚踏风琴。尽管自己的声音条件不好，但至少能字正腔圆、音调准确地教唱音乐。可惜学校没有脚踏风琴，钢琴之类的估计大家都未见过。手风琴会拉一点点，但都是跟一个部队转业军人学的，我当时也没有琴啊。只能凭自己的一副不够清亮的嗓子教唱了，至少让"荒凉"的学校上空飘荡着歌声。其间，我还自己创作了新坪中学校歌：十里长堤，杨柳依依；小溪河畔，读书声声……这也是我写作的第一首歌词吧。

初来乍到时的那种感叹很快便消失了，被淳朴的乡村孩子求知若渴感动，让我很快有了投入教育的热情。而且正是在这样的情景之下，我更深刻地理解了母校芷江师范学校创始人晏阳初做教育的伟大之处，理解了他为什么要做平民教育，做乡村教育。

我来报到的时候，十里路已是走得筋疲力尽了，但当时新坪中学的孩子有走几十里山路来上学的。生活条件的艰苦令生活在城市里的我很吃惊，吃饭就那么两顿，然后为了让中考的学生有更多的学习时间，学校安排学生住宿。住哪里呢？晚上把教室的桌椅移开，把铺盖铺到地上（放到现在，家长肯定投诉了），就地而眠，早上再把铺盖收起来，把桌椅摆放好开始上课。

晚自习也是学生从家里带来煤油灯，借着微弱的亮光听老师讲解或自己做练习。有的孩子家里穷买不起煤油，就跟同学凑着用，那时的人都十分淳朴，大家在一盏一盏的煤油灯下学习，好似相互取暖。

当你面对这样一群对知识充满渴望的学生时，当你看到眼前是这样一批希望通过自己的努力改变自己的命运或者家族的命运的学生时，所有的失落感、不安感都统统消失了。我就鼓励自己，既然知道自己是优秀的，那在任何环境、任何遭遇下，都应该是优秀的。于是，我把仅存的消极情绪也一扫而光，努力让自己在现有条件下表现得更出色。

读师范时肖老师一再叮嘱我要多积累文化知识，不断提升自己，要像云中之鹰一样展翅高飞。我一直铭记于心。

有幸的是，我碰到了一位很优秀的同年级的语文教师，"文革"前的高中生，年龄与我父亲相仿。他称得上学识渊博，对《红楼梦》更是颇有研究。书中很多诗词他能随口背出来，让我很是羡慕。他还郑重其事地对我说："云鹰，你知道吗，你很像《红楼梦》里的史湘云，率真大气，很可爱。"于是我去看书，去找史湘云的影子，后来我还专门找到他，也郑重其事地陈述："我不仅仅像史湘云吧，我还像探春呢。"我俩都不喜欢林黛玉和薛宝钗，一个太多愁善感，一个太圆滑世故。以至于我后来读张俊和沈治钧评批的《新批校注红楼梦》，还常常想起这位教师，想起他跟我聊红楼的点点滴滴。

最感恩的是我们教同一个年级，那个时候也没有像现在学校提倡的"师徒结对""青蓝工程"。他是主动跟我说："以后你上课之前，先听我的课。我先上一节，你再上一节。"如此一来，我几乎每天听一节语文课，上两节语文课。意想不到的是，期末考试，我教的两个班学生的平均分，比他带的班还高。我开始还忐忑不安，生怕"师父"对我有意见，以后不准我听他的课了。谁知他比我还高兴，还嚷嚷着，终于青出于蓝胜于蓝了。其他同事居然还说，"他把你当儿媳妇培养了"。后来才知道，他儿子是我中学同学，

当年迎着朝阳在小河边起舞

我们至今都是很好的同学和朋友。

我有早起的习惯，但当时的学生有的要走很远的路才能到学校，我们大概九点钟才上课。每天起床后，我就不让自己闲着：有时会到学校旁的小河边练练舞蹈，有时会坐在柳树下大声背诵古诗词，有时下雨天也会走出几里地去接来上学的学生。

那些早起耕田的农民，从来没见过这样做派的人，常常把好奇的目光投向我。附近的老乡也都知道，在新坪中学新来的老师中，有一个天天早起练舞、背书的年轻女教师。甚至多年以后我在深圳碰到当时在附近居住的一个朋友，我得知他就是桥江新坪人时，就情不自禁地讲起新坪是我人生的第一站，就像溆浦桥江机场是我起航的地方一样。他听完我讲过去在新坪的种种情景，瞪大眼睛吃惊地看着我："当年学校河边的那个女孩，就是你啊？！"

城郊中学　煤油灯下

如果心真正安放才能称为安顿，那么，1980年代初期，我算是在郊区的新坪中学安顿下来了。同时，我也开始了对职业生涯的进一步思考。

我知道，在我的周围，大部分人都是安于现状的，比如民办教师，有这样一份工作还算体面；比如农村"半边户"教师，待在学校至少可以不像真正的农民那样每天早出晚归，日晒雨淋；有的压根是临时凑数的——但还不至于像电影《驴得水》那么荒唐，找头驴代替教师……但一开始我就知道，我要走的教育道路和他们会有所不同，不仅是因为我是经过国家培养的正规师范生，也和我本身的追求有关。

那时候，在艰苦的生活条件下，我白天要备课、上课、批作业，只有晚上在一盏微弱的煤油灯的陪伴下，才能细细思考一些问题，比如我的未来发展规划，新的教学尝试，如何精进目前的业务水平——没错，教育之路刚开始，我就想着精进了。

提升自己，首先是读书；其次是进一步学习进修。若说我在教育之路上始终有一盏明灯指路的话，那就非苏霍姆林斯基的《给教师的建议》莫属了。现在这本书已译为《给教师的100条建议》。我至今还保留着当初买的这本书，花了1.75元。当时我们师范毕业后的月薪是34.5元。

如今翻开这本书，还依稀可见我当时的圈圈点点，里面有很多当今还很流行的说法，比如："没有也不可能有抽象的学生""知识——既是目的，也是手段""不要把学习之母变成后娘""阅读是对'学习困难的'学生进行智育的重要手段""要思考，不要死记"等等，很幸运，我在几十年前就接触到了。

尤其是出自苏霍姆林斯基这本书的"对这节课，我准备了一辈子"的案例，影响了很多人。他是这样写的：一位有30年教龄的历史教师上了一节公开课，课题是"苏联青年的道德理想"。区培训班的学员、区教育局的视导员都来听课。他的课上得非常出色，听课的人本打算在听课过程中做点记录，以便课后提些建议。可是他们完全被课堂吸引住，屏息静气地听，听得如痴如醉，做记录的事情忘得一干二净。

课后，邻校的一位教师对这位历史教师说："您的每一句话都具有极大的感染力。不过，我想请教您：您花了多少时间来备这节课？不止一个小时吧？"那位历史教师深情地说："对这节课，我准备了一辈子。而且，总的来说，对每一节课，我都是用终生的时间来备课的。不过，对这个课题的直接准备，或者说现场准备，只用了大约15分钟。"

这个案例及案例中历史教师的这段话，很多教育名家都谈到过。它打开了一扇窗户，使每一个教育人都得以窥见或领悟到教育的真正奥秘。

怎样进行这种一辈子的准备呢？按苏霍姆林斯基的建议就是每天不断地读书。"跟书结下终生的友谊。""读书不是为了应付明天的课，而是出自内心的需要和对知识的渴求。如果你想有更多的空闲时间，不至于把备课变成单调乏味的死抠教科书，那你就要读学术著作。"

这些建议真的深深打动了我，并在我几十年的教育生涯中产生了重大影响。我后来当校长后提出"读书的女人最美""读书的教师最美""给教师生日送书"，每周组织教师"读书沙龙会"，分享读书心得，倡导教师书写"读书—教书—写书"的教育人生，不得不说是因为这些建议融入血液了——自己被评为全国、省市优秀阅读推广人似乎也不是偶然。

那时的学校没有图书馆，县城新华书店的书，尤其是教育专业类的书也极其有限。我就利用周日（当年我们是六天工作制）上县图书馆读书或借书。现在我还记得当年的图书管理员是一个长得很清秀、儒雅的年轻小伙子，上学时因为骑单车不小心掉进河里，为了保住性命，没了一条腿。我想，也许是"因祸得福"吧，他被分配到图书馆工作，又因为常年被书熏陶，在书海遨游，得以自我进修，后来当了文化局副局长、纪检书记。

　　他也知道我每周都会来此，并会坐在同一个相对偏僻的位置。每每我来，他都会主动介绍有哪些新书到了。不过实话实说，这样的图书馆也是很难找到教育类的书刊的——倒是读了不少小说，尤其是外国小说，诸如托尔斯泰的《安娜·卡列尼娜》、巴尔扎克的《高老头》、罗曼·罗兰的《约翰·克里斯多夫》等等。

　　也许是受《高老头》的影响，我对"生女儿"这件事很恐惧。小说讲述了主人公高老头将全部感情倾注在女儿身上，为她们付出了巨额金钱，最终却得不到女儿的尊敬和爱护，郁郁而终。我印象中的可怕情节是：高老头为了替女儿还债，变卖亡妻的遗物；为了给女儿弄钱，居然去偷去抢；还代替别人去服兵役。女儿每次来看他都是为了捞取钱财，直至他身无分文，女儿再不露面……

　　这些情节对我影响到什么程度呢？说起来很可笑，1986年，我结婚，1987年，我怀孕，脸色白里透红，比往日更漂亮，也不喜欢吃酸，反而特别喜甜。一个同事对我说："云鹰，看来你怀的是女儿啊。"我也不知道哪里来的无名之火，向人家"咆哮"："谁说我生女儿？我就要生个儿子让你们瞧瞧。"同事们也觉得我这话很好玩，结果我生孩子的时候，我的十几个女同事一起涌进产房（现在肯定是不允许的），亲眼目睹我生下9斤重的胖小子——至今还是大家津津乐道的事儿。

　　这种事情听起来很夸张。但我因为小说情节而怕生女儿，的确是真实的。那个年代的生活环境很单纯，没有网络，没有铺天盖地的新闻，人们只能通过书来认识更为广阔和深刻的人生。而书对我们那代人的影响，真的可以达到这个程度。很庆幸，我们刚毕业时不会为买房忧虑，更不会纠结买什么品牌的汽车，也没有多少物欲，我们可以活在美美的文字中。

　　有一天，夏校长突然找我，通知我参加桥江区青年教师教学观摩比赛。长期以来，湖南的基础教育底子还是很扎实的，这样的小县城也不例外。我很诧异，难道是因为我教的两个班语文成绩比我师父教的班还好吗？不过，我的确是善于在模仿中创造的人。我听师父一节课，再去上一节课，好的吸收，感觉不对的及时调整。学生学得更好一些也不足为奇。

领命了就行动。思来想去，我决定上唐代柳宗元的《小石潭记》。这是《永州八记》中很有代表性的一篇，语言简练生动，景物刻画细腻逼真，成为历代所传诵的散文名篇。

现在想来，为什么选这篇课文去参赛？难道是景中传达出的作者贬居生活孤凄悲凉的心境与我当时独处煤油灯下的场景吻合吗？而当时我的确是沉浸在作者形似写景、实则写心的意境中。也许更多的是城郊学校周边的景色感染着我，也许是我素来喜欢写景的文章——自己也写，后来深圳市宝安区文联主席、作家王熙远先生还曾鼓励我出一本散文集，将我曾经发表过的散文《雪之悟》《凤凰古城小记》《阅读美国城市》等收入其中。这是后话了。

新坪中学归桥江区管辖，桥江区在溆浦是很有历史底蕴的，它是桥江机场的所在地。桥江机场是 1939 年初次修建；1944 年第二次世界大战爆发，为了加强盟军的空军力量，在美国的直接援助下重建桥江机场。20 世纪八九十年代是桥江机场最繁荣的时期，白天常能看到从桥江机场起飞的军用飞机，绕着溆浦盆地（桥江基地—新坪—温里—枣子坡—县城—马田坪—新坪—基地）一圈，因学校离机场很近，夏夜里常能听到飞机的轰鸣声。

因地理位置的缘故，当日来听课的人比我想象的多。可能"初生牛犊不怕虎"吧，我居然获得了一等奖——好像没有发奖状，奖了一条毛巾。那时很流行奖杯子、热水瓶、毛巾之类的东西。只记得听课的老师说："小张老师不慌不忙、井井有条；朗读很有水平，有点像播音员了；自己写的那段散文也不错，长堤、小溪、杨柳、风声……"

几十年后再回首那个时代，煤油灯熏染的黑乎乎的墙面，似乎并没有想象中丑陋——大时代的光芒如旭日般慢慢变得亮眼，那种空气中弥漫的无坚不摧的颠覆渴望，不仅把困难缩得很小，还把梦想扩得很大。像我一样敏锐地感受到时代召唤的人，分布在各行各业，各个地方。天命之年，再去翻翻那个时代走出来的成功人士的回忆录或其他资料，你会发现一个非常有趣的现象：在比煤油灯下更艰苦的地方，很多人不约而同开始蠢蠢欲动——

年仅 40 岁的柳传志，在梦想的感召下毅然辞掉"一杯水，一根烟，一张报纸看半天"的工作，他觉得生活不应该这样，他应该改变。拿着来自中科院的 20 万投资，他创建了一家计算机技术公司。

27 岁的李东生在惠州一个称不上工作间的仓库里，和懂行的人一起录制出一盒磁带，TCL 的初啼不那么嘹亮，却催生出一个品牌的辉煌。

任志强、王石、潘宁……这些来自不同地方、从事不同行业的人，开始寻求改变，开始在改革开放的宏大构想中，用绵薄之力和最大的勇气践行着一种历史责任。

商业的成功、财富的积累，往往更为显性，更能让人们迅速正视这些成就。但是，那个时代的开放思维影响到的绝不是狭隘的某一领域。各行各业中敏锐的先行者们，都感受到一种满含斗志的新气象在全国展现，也在各自的领域中作出开创性的贡献——教育行业肯定也不会例外。

多年后，张云鹰（中）与同学唐安丽（左）、夏萍（右）重返新坪中学

我不能自诩为先行者，但是与如上所说的那些企业家一样，当时不到 20 岁的我，也能感受到一种投身大时代的激情与喜悦。那种天高任鸟飞的氛围，让你愿意去创造，愿意去改变。

而我教育之路上的第一次改变，也确确实实要发生了。我决定从中学退回小学，开启一轮为期八年（小学五年，初中三年）的教学实验。

中学小学　退守向前

在新坪中学教学过程中，我发现一个非常震惊的事实：学生的作文水平差到无法想象。当时我才17岁，而有些学生的年龄和我差不多，我原以为阅历多些，作文起码要好一些，但是等我批改作文时，发现很多学生写出来的作文几乎没有一句话能让人读得通，而且错别字连篇，连小学生都不如。也许有些教师看到那样的状况，摇摇头闲说几句也就过去了，但是我感到内心隐隐作痛。何以成为一个好老师，老师的重要性应该体现在哪里，是我那时最着重思考的问题。

从自身所受的教育和我对教育的理解力来讲，我是不会允许这样的情况一直存在的，于是立马着手查找原因，并制定改变现状的教学方案。

首先是教会学生观察。在书籍相对缺乏的年代，观察自然、观察生活是最有效的途径了。如果说复习是学习之母，那么观察就是思考之母。一个有观察力的学生，绝不会是学业成绩落后或者是文理不通的学生。

冬去春来，带领学生走出教室来到田埂，仔细观察周围的事物，看看春天到来的最初的标志是什么，即使最不留心的人也会看出它的变化，那些不仅会看还会思考的人就能发现春天的几十种标志。谁会欣赏大自然的音乐，他就能听出春天正在觉醒的旋律。之后，我们看果园，看稻田，看自然中的一切……如此引领、教会学生们观察和发现，就能从生活自然中悟到许多出乎意料的哲理性问题。

若干年后，我研究、实践"开放式教学思想"，形成开放式教学理念，并获得国家首届教学成果大奖，似乎在遥远的起点上就奠定了基础。

学生写作的最大障碍是无事可叙、无情可抒，如此一来，学生有了观察所得的第一手资料，自然就能有所表达，笔下生花了。当然，观察力的形成不是一蹴而就的，不少同学也是"观"而不"察"，"察"而不"思"。记得2003年，我当校长后给学校行政干部提的第一条要求就是：在观察中发现，在发现中思考，在思考中决策。但仍有不少干部既发现不了师生的闪光点，更发现不了学校的问题。这不能不说是从小就没有有意识训练自身的观察力。

这些学生到初中还写不好作文还有一个重要原因，就是在小学时没有打好基础，而通过这件事，我开始意识到小学教育其实是所有教育中最重要的一个阶段——这个观点被现在越来越多的人认可。我曾在"新校长传媒"平台上看到许锡良先生写的一篇文章，其中一些观点甚合我意：

> ……还有一个误区就是认为大学对教师的要求比中学高，中学对教师的要求又比小学要高。其实，这是个非常大的误区。大学、中学、小学对教师教育能力的要求并不是像我们考机动车牌照那样，拥有了A牌照就可以开B牌照的车，而拥有了B牌照又可以开C牌照的车。教师的教育能力并不一定是按照这个顺序排列的。也就是说，能够教大学的教师，未必能教好中学、小学。相反，就教育教学能力与素质而言，其实小学的要求比中学高，中学的要求比大学高。
>
> 为什么会这样倒过来？因为教育过程针对的是人的成长过程。就人的成长过程来说，儿童年龄越小，越容易改变，对孩子的教育影响力就越大。这个时候，对教育的方法、策略与智慧的要求就越高，越要求教师对学生的了解体察入微，越要深入研究，注意教育的方式与方法。

也是在当时，我居然萌生了一个大胆的想法：从中学"退"到小学，在教学上做一个能彻底改变现状的实验。

20世纪80年代初期的小学学制是六年，小学生入学年龄是六岁。我暗暗思量，准备带一届学生，从小学一年级一直带到初中毕业。小学学业争取用五年的时间完成，初中的学业还是按常规用三年时间完成。当然，我不是一时冲动，而是有自己的想法和规划，也对教学实验中将要承受的质疑和压力作好了心理准备。

于是，我开始向教育局提出书面申请，调到小学去。当时警予学校校长李惠秀是全国"五讲四美"先进个人、湖南省劳动模范（后文会着重讲我和她的故事），已从其他渠道了解了我的一些情况——在读书时就很优秀，第一次参加教学比赛就获殊荣，还是独生子女等，就主动找到我让我去他们学校。教育局也觉得一个中学教师愿意去小学顺理成章。

我终于以教师的身份"回到"了警予学校，我当年读书的六角亭还在，我当年的小学班主任还在，我最熟悉的直通河边的校园后门还在，一种久违的亲切感油然而生。

我非常感谢当时的校长李惠秀，她很伟大，居然同意我做教学实验：用五年的教学时间完成小学六年的任务，那一年我19岁。我还跟校长约法三章：一是在实验的五年期间我们班不参加县和地区的任何统考；二是我的教案只写在书上，不抄在备课本上；三是实验班的每个孩子每人单独交10元钱的班费。我同时给校长承诺：一是可以随时走进我的班级听"推门"课；二是五年后参加六年级毕业班统考并参与全地区排队（那时六年级学生要参加怀化地区统考）；三是协助愿意与我同步实验的数学教师共同完成数学教学任务。在当时思想并不开放的年代，校长能作出这样的决定，给予这样的认可，是非常不容易的。

我当时的教学理念是什么呢？回过头来仔细想想，教育生涯的初始阶段，我就是秉持"开放"的思维的。

首先，我要求所有的学生都讲普通话。现在看来，这几乎是所有学校对学生最基本的要求，甚至不用要求。但在当时，你很难想象我提出这个标准，需要承受多大的压力。20世纪80年代初期，很多学校的老师都是用方言上课的，包括我自己当年的语文老师。学生们的交流，几乎全部用方言。当时我的想法是，孩子要面对的是未来的社会，要见识的是除家乡之外的更为广阔的世界，所以语言交流问题、通用的语言表达（普通话）教育肯定要放到第一位。几十年过去了，事实也证明我当初的判断是多么明智。在同届孩子中，我所带的实验班学生，因为普通话标准而促使日后人生之路越走越好的，大有人在。

我的学生袁海霞，高中毕业后当兵入伍。一次她得知我回故乡，专程来看我，并喜不自禁地讲述她参加演讲比赛的经历，她说："我的人生是从当兵开始的。而改变我在部队整个生涯轨迹的，是您当年教我如何写演讲稿，如何当众发言讲话。自从我首次参加广东省边防总队'三项教育学习'演讲比赛获得第一名以后，只要部队有演讲比赛，只要有我参加都是第一名。到了我转业的最后一年，凡是军区举办演讲比赛，组委会就先跟我们领导打招呼，袁海霞可以参加，但不能参加评比，只能展示，发个荣誉奖。"她还特别强调："张老师，我是发自内心感谢您的，可以说，我的人生的美好，都是源自您在溆浦那么小的一个县城还一直坚持用标准的普通话教学，逼我们学普通话、讲普通话。您还让我们大声朗诵课文，教我们演讲。这让我终身受益。否则我根本不可能去参加比赛，更不要说拿奖了。"说着还非要给我一个拥抱，以示感激。

当年这个有着 46 位学生的实验班，有超过一半的学生考上了不同行业的公务员，很多做了中层以上干部；有些学生已远渡重洋，远在大洋彼岸，近在东南亚。而我以为教师对学生的影响，尤其是班主任对学生的感染是潜移默化的。我们学校的科任教师都说，这个班的学生像我，比如字都写得很

2012 年，张云鹰（左五）和当年部分学生欢聚一堂

大气，比如都爱美。

其次，在小学阶段注重对孩子写作能力的训练。其实我很早就理解到一个人的语文能力，无非就是能说会写。可能因为我姑姑、父亲都很会写文章，我也在此方面得到过实际的训练和熏陶，小时候就看他们写，听他们讲怎么写材料。而我自己也一直喜欢写东西，四年级时写的作品，就在县里广播台播——那个时候电视很少见，大家都是听广播的，文章播出来后，人家就觉得这个孩子了不得，长大要当作家的——我倒没这个想法，但是确实有如何学好语文、如何训练写作的心得。以至于2009年，我出版《开放式作文教学》一书，至今仍畅销。

对这个实验班，我好像很早就有了研究的意识。那个时候读师范，也没有专门开设教育科学研究课，对课题研究也很陌生。但翻开我30多年前的笔记本看看，发现当年的我就是带着研究的目的去教书育人的。

从学生入学初期家长的学历情况，到每个孩子所认识的汉字数，我都记录在案。在我的记录中，有一个学生叫舒梅，认字最多——148个。当然这个数字对现在的学生来说是小菜一碟了，不过在当时是非常厉害的。我连孩子的入园率（上过幼儿园的，当时不是每个孩子都有机会入托的），以及男女比例、身高都一一记录。

当年制作的学生学前统计表

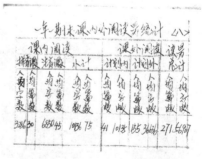

当年制作的学生课外阅读量统计表

这个习惯我一直保持得很好，当校长16年从没忘记让一年级教师对新生进行调查，包括对家庭藏书量的记录。

2018年，从国家相关部门到普通百姓，都特别关注学生近视率的问题。

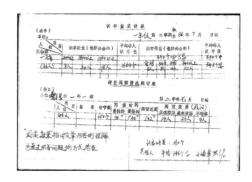

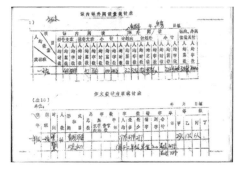

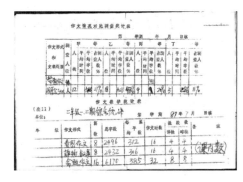

当年实验班一些统计数据

我们还对 400 个新生进行检测，让人震惊的是，一年级新生平均近视率已达到 52.2%，最高的一个班达到 64.5%，最低的也超过 35%。究其原因是多元的，我想最重要的因素应该是孩子过多接触电子产品。想当年，大部分学生在煤油灯下读书学习，都没有这样高的近视率。

翻翻当年那些笔记，最可贵的是，我还记录了每个学期学生的阅读量和作文量。我对当年这个实验班学生阅读和写作的要求：三年级的学生每个学期就要完成 24 篇作文——没有量变哪有质变！如此，也是希望他们到中学后有很好的语文基础，可以腾出更多的时间去学其他陌生的课程。

我记得当时有一个叫罗焱的学生，上实验班时不到六岁，胖乎乎的，甚是可爱，但学习有些偏科，对语文写作很感兴趣，我就着重培养他的文学思维。后来他上大学专攻艺术设计，进修于中央美术学院，尤其擅长油画。我想，无论从事什么职业，哪怕是一个从事艺术创作的人，如果没有文学基础也是不可能有大作为的。就像西班牙建筑师安东尼奥·高迪，他一生设计的作品有 7 项被联合国教科文组织列为世界文化遗产。他之所以扬名天下，离不开他深厚的文学素养和深邃的哲学思考。

在对学生的认识上，我很早就秉承开放的态度。怎么说呢，就像苏霍姆林斯基说的：没有也不可能有抽象的学生。

每个孩子都不相同，让所有刚入学的儿童都完成同一种体力劳动，比如去提水，有些孩子提了三五桶就精疲力竭了，而另一些孩子却能提上十来桶。如果强迫身体虚弱的孩子也提十来桶，说不定就躺到医院去了。其实儿童从事脑力劳动的力量也是各有差异的。如果一个很有天分的学生，老师好不好，对孩子的影响都不是很大，真正优秀的孩子真的不是老师教的好，比如说高考数学 150 分的题目，最后 50 分都不是老师教的，是学生自己悟的。因此，教师与医生的差异在于：名校名师都是选拔优秀的学生，名院名医都是诊治重症病人。但如果一个孩子天赋不是很好，反而显示出老师的重要性了。相对弱的学生，需要你帮他提升。相信鼓励孩子是一回事，孩子到底能否达成完美的目标，是另外一回事——不要给孩子太大的、超出他承受范围的压力。

我的这些想法和举措，当时并不自知——现在看来就已经是开放思维的萌芽了。当时我虽然没有提出"开放式教育"的思想理念，但事实上已经在践行这个理念了——以开放思维，大胆打通小学和中学的教育，大胆进行语文教学改革以及对"人"的教育的深入思考。为什么我能在 27 岁的时候，就调到怀化地区去做语文教研员（当时是湖南省最年轻的地级市教研员）？这与我一直研究教学，一直上实验课有关。

回过头再说说我带的那个实验班。我把学生从小学一直带到初中，中间太多的艰辛无法言说，但那种成就感，也是无可比拟的。

1987 年 9 月，这个班到了三年级，也是学生从学经历的第一个转折期，正赶上我生孩子。在 8 月的最后一天，在众多同事的见证下，我诞下了一个 9 斤重的男孩，因为我没有像常人声嘶力竭地哭喊，也没有像一些人生个一天一夜甚至更长时间，所以后来成为妇产科医生频频树立的"榜样"。凡是在医院大喊大叫的女性，她们就会说："你看人家警予学校的张老师，生了 9 斤重的孩子都没有哭哭啼啼……"

后来有人还开玩笑说："你是不是在生孩子的时候也想到向警予了？她给你力量了吧！"这个倒是没有，但警予精神足以表现出来了。我的预产期是 9 月 1 日，8 月 31 日一早，我还去学校给学生搬书发书，带领大家搞卫生，迎接第二天的正式上课。下午还组织了一个班干部会议，叮嘱一些我不在学校的相关事情，还告诉他们是小赵老师（男）临时接替我，并叮嘱刘辉班长有什么事随时来我家，云云。也许是当天活动量太大，孩子提前来到了这个世界，当天（壬子日）晚上（亥时）呱呱坠地。

当年的独生子女产假只有三个月，一边是嗷嗷待哺的婴儿，一边是46双期待的眼睛，我不顾父母反对，也不顾孩子父亲的质疑，在休了一个月产假后，毅然决然地回到工作岗位。校长意料之外是惊喜，家长意料之外是感谢，学生意料之外是欢欣。

我当时并不是共产党员，提前上班更没有经济补贴。因为我计划用五年的时间完成六年的教学任务，要重组教材、改造教材，确实需要赶时间做这些事情。

现在，当看到不少年轻教师一怀孕就保胎，一休产假就有上班恐惧症时，我偶尔会跟那些老师说："你们看，我当年只休息了一个月，并不会影响我儿子的智商，他文理均好，曾出版诗集，毕业于伦敦政治经济学院，现就职于国信证券研究所做分析师；也不会影响他的情商，待人有礼有节；更不会影响他的身体状况——他不是也长到1.85米、体重80公斤了吗？"如此一来，我们老师也有生完孩子提前上班的，也有一直坚持到快生了再去休假的，不到万不得已就更不会动不动保胎了——当然，前提是身体条件好，要是弱的话，肯定要让她好好休息的。

当时的实验课程全是我自己设计的。我觉得好的课程一定要和生活实际相联系，比如《董存瑞舍身炸暗堡》《黄继光》《我的战友邱少云》等课文，我一般就不重点讲，只是让学生自己读一读，往往以故事会的形式解决学习任务。

同时，大量补充教材中没有的课外内容，印象最深的是选择课外读物《昙花姑娘》这个童话故事。在人们的心目中，昙花一现往往是贬义的，也感慨美好的东西很短暂，常常含有惋惜、不舍之意。但我在课堂上引导学生体会，正因为昙花的开放时间很短，所以才竭尽所能地让自己更美。

课上，我问学生喜欢什么花，有些孩子说喜欢菊花，菊花斗雪霜之类的；有的喜欢荷花，说它出污泥而不染；最后说到昙花，讲到昙花虽然生命短暂，但是它最美好。我问它像谁呢，孩子们就说像雷锋叔叔，他生命虽然短暂，但是他把有限的生命奉献到为人民服务中去，绽放出无限的光辉；还联想到当时的扑火小英雄赖宁等。这样一来，效果就很好。

课后大家纷纷写借花喻人的文章，如菊花、梅花、莲花等。记得上这节课的时候,刚好有外地老师来听课,现在只记得有老师说:"张老师今天也像一朵花了……"那个时候没有现在的信息技术,黑板上挂着我父亲在商业局发的日历画,刚好一本都是各种花,其中就有昙花。我也刻意穿了一件小碎花裙子,可不就在花海中了。不过很遗憾,那个时候没有拍下照片来,只能描述描述了。

记得上《火烧云》时,我就带学生走出教室,走出校园,来到学校外面的河边去看云,看晚霞,看日落,慢慢去体会火烧云的变化。同样,也会带学生来此处身临其境地欣赏巴金的《海上日出》。只不过,我们是河上看日出。我觉得那种教学效果真的超乎寻常。

每个学年,我和数学老师一起组织学生去春游或秋游,那个时候不像现在是由学校统一组织,交给有资质的公司去安排。我们是以班为单位自由行动。记得有次郊游,要经过一条长长的火车隧道,我带着孩子们直接从铁轨上走过去,就告诉学生,万一火车穿过,身子要紧紧靠着墙壁蹲下。现在想起来,是有些后怕的,但是那个时候铁路少,火车少,我们经常走,心里还是有谱的,不知道胆怯。

张云鹰与孩子们在一起

以我现在对开放教育的理解,首先是思维开放,这是教育勇气、教育创新的最基本来源;其次是要目标明确,敢于实验,并为之付出非常人的努力,如此才能一步步达到教育理想。

五年之短　前路之长

我所带的这个实验班,前前后后发生了不少故事,或悲或喜,或酸或甜,那滋味穿过岁月再去品味,依然让我百感交集,还真有必要诉诸笔端。

从中学退回到小学,仍然离不开警予学校、警予精神对我的影响。

从梦开启的地方开始我的教育实验,实现我的教育理想,这是上天冥冥之中的另一种善意安排。而更为幸运的是,我遇到了一位非常赏识我、支持我的校长——李惠秀。

李校长从 1979 年开始任警予学校的校长,终生未婚,如今已是 85 岁高龄,比我整整年长 30 岁,可以说为教育事业奉献了自己的一生。我调到警予学校的时候,她在那里已工作了四年,在她的指导下,学校的各项工作飞速发展。这位干劲十足、热爱教育事业的校长,自然也是爱才如命。我去的第一年,她将一个六年级的"差"班交给了我,该班号称是学校的"老大难"。一年下来,学生成绩有了大幅度提高,大家对我刮目相看,家长们对我几乎是崇拜到五体投地。李惠秀校长更是对我青睐有加,这也是她答应我随后带实验班的原因之一。

其他因素应该是因为我身上那股对教育的挚爱、对工作的创想,以及拼命三郎的干劲。那个时候能大胆承诺带一个班,用五年的时间完成六年的任务，在不少人看来是异想天开。要整合教材，要赶时间，我承受的压力也是无法想象的。有时候不知不觉加班到很晚，连吃饭都忘了。我母亲怕我饿着，常常把饭送到学校来。警予学校是有教师食堂的，但是饭做得不是很好，母亲怕我太累，担心学校的早餐营养跟不上，干脆早餐也给我送来。母亲是很会做饭菜、料理家务的人，早餐给我炸油条、做蛋糕、做豆浆，晚餐鸡鸭鱼肉换着来，做的时候也会特意加量，我可以分给一些加班的同事吃。在家时我是无须干任何家务活的，后来为人妻也从未干过。我会为了儿子亲自下厨，偶尔来客人也会做几个菜，我想都得益于从小看母亲做菜，耳濡目染。榜样的力量无所不在。

警予学校的工作氛围非常好，在李校长的感召下，大家都有奉献精神。不仅是我，我记得有一个老师叫刘丽蓉，也是拼命三郎，她老公也经常给她送饭。她老公是医生，还会埋怨她说："我当医生都没你那么忙，一个小学有那么多重要的事情需要处理吗？"事实上，我们学校大部分老师都是这个状态。这个刘老师上课跟我的风格迥然不同，我喜欢上那些文字优美、结构严

张云鹰（左一）与警予学校朝气蓬勃的年轻教师（现有五位校长）

谨的散文或寓意深刻的童话寓言故事，而她就很喜欢那种英烈的故事，比如董存瑞舍身炸暗堡之类的，然后在课堂上十分亢奋，在没有任何图片的情况下，仿佛把我们带到了战争年代，很让我佩服。

有一次她生病了，早上晕倒了，就靠在床上改作业。结果她老公很生气，把校长叫去说："你看她晕成这个样子还在改作业……"我是亲眼目睹这个场景的。刘老师的上进心和竞争意识比我更强，不管学校什么时候开展什么比赛，她们班拿不到第一的话，她绝对会让全班同学面壁思过。而我对这类活动，不太强求，只要大家努力了就行。当然，她有自己的想法与苦衷。她是民办教师转正的，知道自己没有受过专门训练，要靠自己的行动证明自己的价值，她一边工作，一边还要参加函授学习以获得学历。

我也不例外，我的不少中师同学都又一次参加高考读大学去了。我虽然舍不得离开讲台，但也不能满足于一张中专文凭。因此，像刘老师一样开始了"怀化师专"中文系的函授学习，整整三年，顺利拿到了中文系大专文凭。

说实话，我们那个时候的老师都是有这样的"蛮"劲的，也许是警予学校的"气场"太强大。有些数学老师每天把一袋一袋的作业或试卷提回去改，第二天再拿回来。这种场景至今常出现在我眼前。

当时的教学主任黎岳峰是数学教师，也是我的小学数学老师。她数学课上得极好，教的班没有学生不喜欢数学的，后来她带的徒弟也赫赫有名，其中一个叫翟郁成，可惜他后来改行，多了一位怀化驻京办主任，却少了一位数学名师。

身为教学主任什么课都要听，一次黎主任听我讲授《记金华的双龙洞》一文后评课，我不屑一顾，满不在乎。她看出了我的"傲慢"，问我有什么想法，我直言不讳地说："我还是叫您黎老师，您是数学行家，这是公认的，但评语文课真不是那么回事，隔行如隔山。"从此，她看了很多语文方面的参考书，还看了当时斯霞、霍懋征等名师的语文录像课，后来评大家的语文课头头是道。不久，她就当上了主管教学的副校长，李校长退休之后，教育局领导任命黎老师当校长，她再三请辞，一心培养青年教师。

从她身上我深深体会到，一个教学主任、一个主管教学的副校长甚至是校长，对学科教学要一通百通，举一反三。现在我进课堂，不管是数学、英语还是其他学科，只要是我听了，我都能说出门道，点出

张云鹰（左一）与李惠秀校长（左二）、黎岳峰副校长（右一）、刘湘青老师（右二）喜相逢

一二——校长真的是要学会"进课堂"而不是"看门房"。

我历来对教学有自己的想法和设计，这也是李惠秀校长非常欣赏的。后来，发生了一件让她为难的事情，从这件事上，我更是看到了一位优秀校长的德行和高度。

当时我已经开始带实验班了，本来任务就有些重，对工作也是高度负责。我每天早上都会让我班的学生背诵古诗词，多阅读、积累一些经典文章。但是这和我们学校一个老师的工作发生了冲突。

这个老师姓杜，年长我十来岁，教数学，兼任校医，管理学校的卫生工作。那时学校的卫生可不像现在交给物业公司管理。她当时作了一个规定，就是每天早上学生到校，就要先打扫卫生，包括清扫厕所。打扫完还要给每个班级评分，做得不好的，就得返工。30多年前的校园不像现在是水磨石或广场砖砌的，而是原生态的土地。这样的土地，一经大规模的打扫，其乌烟瘴气的情况可想而知！我认为早上是一天美好的开始，学生应该安安静静地坐在教室里读读书，而不是打扫卫生，浪费大好时光。我就和她说我的想法，她"执法如山"，坚决不听。没办法，我只好硬碰硬，告诉学生早上就是要在教室里读书，不能去打扫卫生，即便是我们班的卫生评分是零，也不要担心，由老师承担后果。卫生要做，可以在下午放学的时候再做。

这下惹恼了她,她觉得我这是故意挑衅。如果她拉着我去找校长理论都没关系,但她却在背后和其他老师说:"她厉害?自己还来历不明呢。"

　　这句话对我来说,真的是太重了。我被抱养的身世,一直是心里难以抹去的印记,也一直想淡化它,她竟然恶狠狠地去揭开它。

　　她是和一个语文老师说的,这个语文老师和我有些共同志趣,喜欢文学和舞蹈表演,和我关系要好,觉得杜老师说这种话极为不妥,就直接告诉我了。我一听,简直是烈火上浇油,怒气一下子蹿上来。

　　我就去叫上校长,拉着她和我一起去四年级办公室——杜老师教四年级数学。校长不明所以,就跟我一起去了。到了四年级门口,我抓着杜老师的头发就扇了她两巴掌。一个解围的男老师也被我踢了一脚。校长非常震惊,一边阻拦一边问原因。

　　问明原因,校长首先批评了那个"告密"的老师:"这种话怎么能随便传?杜老师气头上说话口不择言,云鹰听了也肯定会生气,你不说,就当什么也没发生,她们的矛盾我来调解;你这一说倒好,直接火上浇油,闹成这样。"说完,校长当即决定,以后打扫卫生改到下午,扫完离校,卫生情况也可以得以保持。

　　当然,我这样做,也有人在校长面前故意挑拨离间:"校长您看,这个张云鹰,这也太嚣张了,打人还拉着您去,这不是明显给您难看吗?"李校长对这样的话不置可否,也没有计较。我后来想想,也怕她有什么误会,就跑去跟她

在湖南老家的淑水河畔

说:"校长,我就是这样的,敢作敢为,我当着您的面教训她,就是让别人知道,以后这样的话不能再说,这样的事情不要再发生。"

我现在还记得清清楚楚,年轻气盛的我振振有词,李校长就那么默默地看着我,像看着自己任性的孩子。我觉得她能理解我的心情,抱养来的孩子,最不能忍受的就是别人的非议——何况还被人说得这么狠毒。

经历这件事情后,校长不但没有受到别人议论的影响,而且对我更是关怀备至,像母亲一样——这里面有爱才的原因,更是她慈悲的心肠、开阔的心胸使然。

后来那个杜老师,被打了也没有怎么为难我,我虽然有点奇怪,但也没有再理会。直到很久之后,我校方惠萍老师(全国优秀班主任)告诉我,这是因为李校长在背后做了工作。原来,在我怒训杜老师之后,她就说自己被打成了脑震荡,不能上课了,就一直请假在家。我听了,也不甘示弱:"你那么说我,揭开人的伤疤,难道就没给我的心灵带来创伤吗?现在好像你是弱者一样,你请假,我也请假——我精神创伤也要疗养的。"

李校长对其他事情可以包容,但耽误工作她是绝对不允许的。她背着我去找杜老师,安抚她:"云鹰也知道错了,但无论如何,是你先说人家的,她年龄小,自然不懂得怎么去控制情绪,况且你去触动人家最痛的地方,也过分了。她动手了,是不太对,托我给你道歉,还让我赔你10元钱,当是营养费。"校长自己拿了10元钱,假托是我赔的,给了杜老师。杜老师觉得我又道歉又赔钱,病就好了,也去上课了。我自然也去上班了。

这些赔钱的事都是我后来知道的,以我当年的性格,不可能道歉,更不可能去赔钱的。但我知道了李校长的做法,由衷地感动和崇敬,一直到现在还是如此。这不得不说也是一种管理的艺术。

她对我的情感,真的就像母亲一样,当初我离婚,她也是支持我的——因为她也觉得我孩子的父亲是个不求上进的人,跟我不合适。但是后来她看我一个人在外打拼,也着实心疼,曾经劝我去找一个伴儿,不至于一个人太苦太累。

当然,我是打心眼里觉得一个人生活有一个人的精彩:拥有自由的时间、自由的空间,无须去与他人磨合,无须去操心除自身以外的人与事。也许我从小的日子过得很单纯,很怕家里人来人往,一旦再婚,又跟本是毫无关联的人搅和在一起。更重要的是，价值观、人生观、生活观一旦有差异，更要牵扯更多的时间与精力，过好自己的人生才是最重要的。何况，我的经济条件、我的情感都很独立，无须依托别人。

1997年，我离开了家乡调往深圳，李校长就主动提出照顾我母亲，她和我母亲关系甚好。母亲因摔跤卧床，我将保姆费等都交由李校长管理，她几乎每天步行去我家照料我母亲，从未间断。2002年11月，母亲悄然去世，没有任何征兆，没有留下任何话语。当时我正在北京师范大学接受新一轮课程改革的教材培训，所有的事情都是李校长主持操办的，设灵堂、搞诵经、请入殓师、通知同事和同学等，事无巨细。待我匆匆忙忙从北京辗转长沙回到溆浦时，一切都井井有条，准备就绪，只等第二天一早出殡了。

我对她，也像对待自己的母亲和最好的朋友一样，她80岁之前，我每年都接她来深圳小住，只要有机会回去必然与她小聚。我还提出我父母买的那套房子让她居住——她自己一直没有买房。这样的话，以后我回去还像从前一样，有家可回。否则父母都走了，这套房子也冷冰冰的，我也不可能再住了。也许是父母都在这套房子里去世，尽管就在县政府对面，靠近河边的屈原广场，很是热闹，但她一个人还是有些胆怯，思虑再三，最终也没有搬进去，我也就将它变卖了。这样的情谊，这样的人世中的美好，将永远在我们之间长存。遗憾的是，今年清明返乡，我照例去看望她，可惜她因老年痴呆症已不认得我了，但那份情谊永恒。我只能默默祈祷与祝福。

再说说这个实验班，我真的是像带自己的孩子一样，精心栽培那些孩子。除了学业上提高学生的认知水平、思维能力，道德上求真求善，更是在活动中育人。

那时县里每年都要组织文艺汇演，每所学校都要参赛。学校不像现在有专门的音乐、舞蹈教师，都是班主任和学校少先队辅导员排练节目、组织参赛。一般来说，学校参赛节目都是校少先队总辅导员排练，代表学校参赛。

也许是我的个人爱好使然，也许是希望给实验班更多的展示机会，我导演的节目常常代表学校参赛并获奖。期间，我还导演过《小螺号》《阿里巴巴》等，尤其是《歌声与微笑》，我设计了全班同学上场，有主唱的，有跳舞的，实在没有艺术天赋的就最后举着"热烈庆祝六一儿童节"的牌子出场。

张云鹰（后）与表演《阿里巴巴》的小演员们

如今，同学们聚会都还对我们统一交 14.5 元钱在北京购置的演出服——白色衬衣配蓝色荷叶边短裙记忆犹新。

事实证明，多年后，学生听了多少课，哪怕是再精彩的课，写了多少作业，哪怕是满分，在记忆里都已荡然无存了。但是，他们参加过的有意义、有趣味的活动却刻骨铭心。因此，一个小学教师的多才多艺就显得更为重要而不可缺失。

借父之手　助力教学

提起我职业生涯初始阶段的那些成功的教学往事，不得不聊聊我的父亲。

如前所讲，我父亲在商业局工作，也做采购，是一位标准的统计干部。所以当年我在吃穿用度各方面都显得比较前沿、新潮。比如说我能穿到"丁"字皮鞋，穿到上海灯芯绒的绣花衣。糖果零食之类当时非常稀少的东西，我们家里却非常丰富——还记得小时候，小孩子会在吃完糖以后把金皮纸都留下，一页页贴在书上，比多少，结果我是多得不得了，引来众同学的羡慕。这些幸福的回忆，都是父亲带给我的。

除了物质方面，在精神文化方面，父亲对我的积极影响更大。小时候他对我的谆谆教导，真的是为我一生的发展奠定了坚实的基础。

而在我参加工作后，父亲对我专业上的帮助更是数不胜数，种种细节，至今想起仍清晰如昨。

警予学校虽地处县城，却是湖南省重点小学，与当时的洪江市幸福路小学一样备受瞩目。因此，常常有省内外来的老师听课。记得有一次我又要上公开课，刚好选择《骄傲的孔雀》一课，我设计了一个孔雀表演的环节。我就跟父亲说我需要孔雀头饰、服装等，请他帮我做。父亲欣然同意——他这一点简直太好了，他不去从事美术设计这行真是亏大了。我终于能理解他为什么不愿意在商业部门当领导，他是有艺术天赋的。他亲自去购买了八个头箍，买了些各色的亮纸亮片，剪成孔雀羽毛的样子，再在亮纸片上画上羽毛、羽翼，每个头箍上竖立着绑上三个羽毛头饰，戴在头上相当精美。他拿我们家的缎子被面剪成几块披风，再把画好的羽毛片贴在披风上，就成了一件件很漂亮的孔雀服。

1989年，张云鹰（右）与父亲、儿子合影

后来我问孩子们谁愿意表演孔雀舞，我们班有个长得很漂亮的男孩叫李承，他说："我来，我来！"惹得全班同学和听课教师哄堂大笑——一个男孩披着孔雀服，戴着孔雀头饰表演孔雀舞，是有些滑稽的。因做了好几件，好几个同学争先恐后地上来表演，这节课就在"孔雀孔雀真美丽，穿着一件花花衣……"的轻松、新奇的歌舞中结束了。很多年以后，他们都还记得当年我上《骄傲的孔雀》时的情景，记得那个欢快的场面。

就这样，父亲渐渐成了我教学的"助手"，给我做各种上课用的教具、道具，包括当时刻印材料用的钢板都是他帮着刻的——因为我要完成很多任务，比如说要讲教材里没有的内容，当时不可能让每个学生去买课外书，而参考书也找不到，就只好让我父亲先刻好，然后印下来再发下去供上课用。父亲曾经用过的刻字钢板和笔，我记忆中是保存了好一段时间的，只因工作迁徙数次搬家，无意间丢失了。这也是件十分遗憾的事。它至少可以成为我们家的"传家宝"。

1988年，让我小有名气的是讲授巴金的散文《繁星》一课——我让学生躺在后面的课桌上看星星散落，这个动漫效果也是我父亲的杰作。

这篇文章写得不同凡响。作者从不同角度写出星星的变化。尤其是第三次是在海上看星星，作者又赋予了星星新的内涵。如何让学生感受"深蓝色的天空里正悬着半明半昧的星，船在动，星也在动"？

当时讲课时，我想达到让学生看到真实的繁星闪烁的效果，但那个时候教学设备相对落后，没有声光色影，无法实现我的设想。

怎么办呢？我父亲用一块玻璃片做底板，在玻璃片上刷一层广告粉，待广告粉干了以后，他让我用针在玻璃片上刺刻一个一个的五角星，刻画得参差不齐，被刻的地方就露出了原玻璃的透明本色。接下来，父亲想了想，就叫我拿一块纸板，在那块纸板上剪出镂空的圆圈。我带他来到学校，只见他先把刚才那一块带广告粉的刻好了五角星的玻璃板放在学校简易的幻灯机上，打开机子，再用那块已经剪好了的有镂空圆圈的纸板，在玻璃板上晃动——闪烁的星星，效果立显。

现场上课的时候，读到"如今在海上，每晚与繁星相对……我躺在舱面上，仰望天空"时，所有的孩子"躺"下去（前面的孩子靠在后面的桌子上），我演示着父亲制作的道具，整个教室被闪烁的星星包围，那个场景直到现在很多听过课的教师都记得清清楚楚。

当时在怀化地区比赛时，有三个选手不约而同地选了《繁星》一课，我自然毫无悬念地获得了第一名。因为我曾在怀化地区获得过教学比赛特等奖，也代表过地区以"与好书交朋友"为题参加过湖南省教学大赛并获奖。因此，怀化地区教科所（也是我后来调去的单位）领导让我放弃那次省阅读教学比赛，安排了另一位教师拿着《白杨》一课到省里角逐，遗憾的是，没有获得好的名次。我凭借设计的《繁星》教案获得了全省教学设计一等奖。

我记得当时还有人说，巴金对事物独特的看法和高超的写作技巧使他成为文坛上耀眼的一颗星；也希望云鹰凭着对教学独特的思考和教学的艺术成为教坛上的一颗新星。那年，在欢庆全国第四个教师节到来之际，24岁的我被评为"怀化地区教坛新秀"，并有幸与当时的地区教委主任杨兴健等领导座谈交流，合影留念。

记忆中，只要我跟父亲说上课时我要什么效果，他就帮我出主意，想办法，按我这个"导演"想要的效果做出来教具。还记得我上《月光曲》一课时，课文中描写道："月亮正从水天相接的地方升起来。微波粼粼的海面上，霎时间洒遍了银光。月亮越升越高,穿过一缕一缕轻纱似的薄云。忽然,海面上刮起了大风,卷起了巨浪。被月光照得雪亮的浪花,一个连一个朝着岸边涌过来……"这些很有画面感的场景要让学生想象,但这些变化起伏,如果没有合适的教具辅助,学生是无法感受到的。

我就对父亲说:"您帮我画三张关于大海的画:一张是很平静的海面;一张是波光粼粼的海面,有些银光;还要一张波涛汹涌的海面。"父亲就按照要求给我画好——教美术的老师也不一定能画出这个效果,这个由三张大海图画组成的幻灯片,我一直到深圳来上这一课时还用过。诸如此类,都是父亲给我画或给我做成教具,然后我再拿着去上课。

我上《记金华的双龙洞》,就先跟父亲讲,我需要一幅画:一条溪流,我们沿溪水逆流而上,"参观"金华。我的要求是让学生在看画的时候,感觉我们是逆流而上。

我上《第一场雪》,要让学生体会"落光了叶子的柳树上,挂满了毛茸茸亮晶晶的银条儿;冬夏常青的松树和柏树,堆满了蓬松松沉甸甸的雪球"。句中两对反义词的意境,必须通过在黑板上绘画,画出像梅花瓣一样的雪

十年后再上《月光曲》一课的场景

花，画出松树被压弯了腰的样子，也都是父亲告诉我如何运笔，然后我在黑板上演示画，这种版画教学效果是难以想象的。2003年，我当校长后上的第一堂公开课也是《第一场雪》，很好地回应了广东教师没有看过下雪，不会上这一课。可喜的是，张红华老师还将这一课的教学实录整理出来全文发表在《中国教育报》上，该报记者还就这堂课以"率真的首席教师"为题，对我进行了专题报道。这不能不说都有父亲的功劳。

他在教学方面给我很大的支持，而那些书画教具，也真正能给学生鲜活的形象感，能潜移默化地熏陶学生对事物美的认知。

现在我特别注重班级文化建设，也跟那个时候父亲对我的帮助与影响有关。当时我们警予学校每个学期都要对班级文化进行评比。李校长会带着所有班主任一间一间教室地看，一间一间教室进行点评。而最终评比结果，我班从来都是一等奖，或者第一名。为什么？因为有父亲帮我画，帮我写。比如说，我要设计一幅扇形的图，他就先剪成扇形图样，然后在上面画一些古典气息的花纹，再在上面写一些古诗词，大家看起来赏心悦目，学生们喜欢，老师们看着也舒心。当时其他班是绝对没有这样的设计的。如今，我如此重视校园文化、班级文化的设计，与当年这种无声的熏陶是不可分割的。

父亲还会自己设计，经常写一些对联、名言警句，然后我就拿去贴在教室里，效果也非常好。记忆中他曾用隶书写过这么一幅字："饭可以一日不吃，觉可以一日不睡，书不可以一日不读。——毛泽东"，要我挂到教室里。他自己买的浅花色的有细细纹路的纸，用金粉写的字，给人很隆重、很耀眼的感觉。他还说，毛主席的词句一定要金光灿灿的，要照到我们心里去。父亲表面上给人感觉刻板、缺乏温情，但有时会哼个小曲，拉段二胡，表现出张扬、奔放的一面。

久而久之，我所带的班就成了班级文化建设的典范，每次评比都是第一名。我们校长也经常会和其他班的班主任说："你们都到张老师班上去看看，向她学习。"然后大家都来参观，甚至一些羡慕不已的班主任会对我说："张老师，请你爸爸也给我画些。"我欣然同意，所以，那时候父亲也会给别的班级画一些画，设计一些作品。

我教的这个班在当时的怀化地区是很有名气的，而且那个名气，完全是口口相传得来的。不像现在，稍微有点名气，就依托各种媒体大肆宣传。最让我感到欣慰的是，直到现在，我刚才说的这些经典课，当年的那些学生都还记得，提起来还兴奋不已，让我幸福满满。

父亲助力我教学的种种，现在回忆起来，都让我非常感动，也非常感念。在我成长的路上，我母亲对我的好，更多是体现在生活中；我父亲于我而言，则属于那种精神上的支持。

通过这些回忆，其实我也一直在思考，一个母亲的角色，其实很多时候应该是我母亲这样的；父亲的角色，就应该如我父亲一般——影响孩子的精神，帮助孩子专业成长。现在教育中的普遍现象是父亲们对孩子的教育撒手不管，全权交给妈妈。其实即使现在的妈妈都是有文化的人，还是不能代替父亲在孩子的成长中起到的不可估量的作用，所以父亲一定不能缺席。如今身为校长，引导的职责也更重，我经常跟学生家长说：小学的教育，父亲从三年级起就要出场了。

杏坛新人　不负良机

回望整个成长之路，因为父亲的渊博，我对他是满怀崇拜之情的，他的一些言行对我的影响难以言表。

记得小时候有一次父亲去上海，回来后对我说："小云，上海的楼真高，我需仰着头，仰到帽子都掉地上了，才能看到楼顶。你要好好学习，将来去看看外面的世界。"我也知道，我所在的小县城和外面的世界肯定是大不相同、千差万别的。也许是父亲在我心里种下的种子，直至今日，我仍热衷于"游山玩水"，从国内的大江南北到国外的五洲四海。真正实现看世界的两种方式，一种是读万卷书，一种是行万里路。读万卷书，不走出去，最多是个书童；如果不读书，只行万里路，也是无益的。

世界那么大，我去看看的机会在哪里呢？1985年元旦，我在警予学校得到了一次去北京学习听课的机会。得到消息的那天，我真的是彻夜难眠，实在是太激动了。现在我常想，如今互联网这么发达，给人们带来的便利真的是太多了，不管你去何处，先到网上查查，几乎什么都能查到，从天气、酒店到景点、小食，一应俱全。但是，这样的便利却抹杀了很多美好的东西，比如我们对一些事物期盼的幸福，对事物怀有一种神秘向往的愉悦心情。

时至今日，想起这次经历，我依然感念当时派我们出去的校长李惠秀。我从骨子里觉得，她真的堪称是伟大的校长，你想想，那是1985年啊，她居然有魄力送我们——所有的36个语文老师，去北京那样的神秘首都去学习。就算是听那个课学不到很多有用的东西，至少我们开阔了眼界，增长了见识。

去北京的旅途，我们特别兴奋。我记得有三个年纪大的老师被安排坐卧铺，当时我才21岁，就和其他年轻的老师一起坐硬座——全程大概9元的票价，我们坐了整整28个小时。因为经济条件实在有限，更多的是担心路上没有吃的，我们提前炒了很多湖南家乡菜带在车上吃。到了北京，我们分成三个小组，我是其中一个小组的组长。我们居住的地方我至今都记得很清楚，叫霞公府5号，从王府井大街侧面进去，很小的一个小楼，抬头就可以看到"北京饭店"。我们一个晚上的住宿费是1元5角，四个人一个房间，还有人打地铺。之后再去北京，还专程去找过这个地方，可惜已经荡然无存了。

第一次去北京，兴奋感压过了学习的念想，具体在哪个学校参观，听了什么课，我现在真的记不起来了。但是去天安门、故宫、颐和园、长城这些地方的情景，还历历在目。到现在我还保留着那时在北京照的一些照片。

作为祖国的首都，中国的政治、经济、文化中心，北京在改革开放的萌动中，也发生着改变。那个时候，北京街头有白色带红条的高大公交车，有用现在的话来说很酷炫的轿车，这些对于那个时代小城市来的我来说，真的是新鲜事物了。但当时各条路上并不会有堵车现象，见得最多的是上海自行车，"永久"牌的、

1985年，第一次去北京，在劳动公园留影

"凤凰"牌的。在上下班的高峰期，街上是自行车的世界，悦耳的铃声和人们的欢笑声交汇在一起，那种生气勃勃和幸福的感觉，现在的人凭想象是无法体会的。

我父亲、母亲对我的穿着向来比较用心，所以我在同伴中间，一直是比较时尚的。到了北京，我也会偷偷观察他们的衣着，是不是和之前有变化，是不是和我所见到的有区别。结果是比较自豪了——他们最时尚的穿着，也不过是男生穿着蓝布裤，套一件"的确良"或毛料上衣；女孩子呢，会穿上有红色、蓝色花色布做成的衣服。这样的打扮真的看起来赏心悦目，好在我自己也有这些布料，也有这些样式的新潮衣服，所以，并没有多艳羡。

当时我还在天安门城楼前拍了张照片，我好像是穿了一件薄雪花呢的红色上衣，配了一条流行的微型喇叭裤，穿了一双棕黄色的皮鞋，似乎还专门修剪了头发，在当时来讲是不算土气的。只是照相时，好心的同事把她的包让我背，动作是自然些，但色彩不搭。这样的教训不止一次，临时搭条丝巾、临时戴副眼镜、临时拿个什么道具的，都因为不是自己的饰物，没有事先设计，往往在瞬间又不容多想，大多成了照片中的败笔。

我们特意去了天安门——这是自 1949 年中华人民共和国成立以来，外地人第一次进京必须去的地方。当时的天安门，没有现在这么人潮涌动，只有偶尔的几个人经过，再有就是高大的公交车时不时停靠、开走。所谓男左女右，我从右边穿过天安门城门迈向北京故宫。这座世界上现存规模最大、保存最为完整的木质结构古建筑，要在半天游览完毕是极不现实的。

当时，我们没有导游，我带着一个高年级组教师，一直靠着右边慢慢欣赏。我还跟大家说："这座占地面积 72 万平方米的紫禁城，我们一定要来三次。这一次我们往右边走，能看多少就看多少，以后可以往左走，往中间走。"我是这样说的，之后也是这样做的，事到如今，去北京的次数已经数不胜数，但去故宫的确就是三次。从外朝的中心三大殿（太和殿、中和殿、保和殿）到内廷的中心后三宫（乾清宫、交泰宫、坤宁宫）都一一细心观赏。

"不到长城非好汉。"首次去北京必登长城，也是我数次去京唯一一次去"居庸之险不在关而在八达岭"的长城。这个举世闻名的旅游胜地在当时来讲交通并不发达。我们坐了近 3 个小时的汽车才到，一路上有不少人晕车呕吐，我也很不舒服，急不可待地想下车。幸好宏伟的景观、深厚的文化历史驱散了我们郁闷的心情。更重要的是，我们回家后可以在学生面前炫耀：我们登上长城了。我们在上《长城》一课时就有了亲切感、生动感。

大概我一直都有着做领队的潜能，后来几天，不少教师都提出跟着我们这组走。在空间方位感方面，男性往往有优势，女性普遍较差。到了北京更是如此，道路纵横交错，很是复杂。湖南的方言很重，问路的话别人听不明白。北京人说话又快、卷舌音特多，坐地铁报个站名，一不留神就错过了。这就导致其他老师走错地方，坐错站，耽误不少时间。我也不可能领着大家齐步走，只是告诉大家学会记标志性的建筑。比如，王府井大街，这是大家都知道的，即使坐到了公主坟也会绕回来。

那时的王府井大街古朴典雅，呈"丁"字形，除了热闹非凡，更让人觉得充满历史感。说实话，自从20世纪90年代，王府井改造扩建重新亮相后，号称是"日进斗金"的寸金之地，除了琳琅满目、目不暇接的餐饮酒店，感觉少了些中华老字号的韵味，或许是岁月更迭，新潮替代沧桑，历史年轮被现实光华遮蔽。

此次与我同行的还有舒春娥老师，她是我同事中最好的闺蜜，按我们教学主任的说法，我俩共同撑起了警予学校语文教学的天空，也是学校应急的"必备武器"——不管什么时候有人来听课，我俩都得随时上。即使上午通知，下午都得登台。只是她更擅长低段教学，而我更擅长高段设计。遗憾的是，她50岁就从怀化市人民路小学校长岗位上退下来了，没有发挥更大的作用。不过，她自己倒是更享受自由、闲适的田园生活了。

在北京期间，我悄悄地与她商量：我俩去一趟"宋庆龄同志故居"吧。不知是出于对宋氏三姐妹的好奇，还是从小对像警予一样的女性的敬仰，我很期待这样的参观之行。舒春娥自然应允。

当年的西城区后海，也就是现在的什刹海，可没有现在繁华。尽管曾经是和珅别院、亲王花园，溥仪父亲醇亲王也曾住于此，但在新中国成立前夕，已经荒芜凋敝。直至1961年政府将这座王府花园整修，并在原有建筑以西接建了一座两层小楼，这里才有了一座优雅安适的庭院。1963年至1981年，宋庆龄在此工作生活了18年。1985年，宋庆龄去世的第四年，我们仍然能感受到她的气息。我俩仔细地端详着她的每一张照片，那种雍容端庄是常人没有的，那种温情中的坚毅是女性的楷模。记忆中很多国际友人、华人华侨和我们一起参观，她受到的赞誉和享有的威望可想而知。我还买了一块根据她亲自手绘的图案做成的丝绒挂饰，一只活泼可爱的小鹿在野地上奔跑……直到 2016 年我去荷兰买了梵高的挂画才将其替代。早知会涌出这段回忆，即使再陈旧，我也会好好珍藏的。

在去北京前，我们就合计好，在北京期间，不到餐厅买吃的，我们经费有限也舍不得往吃上花。来广东 20 余年，感觉他们跟我们最大的差异就是，永远把吃摆在第一位。这也是他们为人实在的证明，吃了就是自己得到了，也就安心了。而我们是辣椒、咸菜就能解决问题，即使有闲钱，也一定是先让自己穿得漂漂亮亮的，再买一些喜欢的饰品，虽不能当饭吃，但看着心情愉悦。

我们到了北京也如此。我们就只买白米饭，吃自己带来的菜。后来酒店不卖给我们白米饭了，说是必须点菜，我们就只好点个鸡蛋汤，也算是个菜吧。回湖南的火车上，我们又买了很多白米饭，一盒一盒的，带到车上，拿出自己带的辣椒、干鱼、咸菜吃。结果吃的时候发现有些东西已经馊了，完全不能吃了。而我们身上剩下的钱，都用来买礼物了，送给没有去的老师。当时有老师肚子饿得厉害，大家就商量说不然把买的果脯吃掉。虽然我们一直用方言聊天，但被旁边一个军人听明白发生什么事儿了，他就给我们每人买了一盒盒饭，我记得是 1 块 2 一盒。我们一直感念那个解放军的好，没有他，我们第一次去首都的经历，会多了"饥肠辘辘"的插曲。

现在回忆起来，这些似乎充满艰辛的事情，却比好多顺顺利利的经历更让人怀念，让人难忘。

乡村支教　重返中学

1980年代末期，湖南溆浦进修学校成立了中小学教师"支教轻骑队"，我被选入其中。

一日，校长通知我支教首站是溆浦低庄镇中心小学。低庄镇是县农副产品集散地，盛产柑橘，批量销往外地。因早年开通湘黔铁路时过境于此并设有"低庄站"，所以来来往往、进进出出的人较多。教育局想拯救、提升这里的基础教育的急迫之情，是可想而知的。改革开放后，这个镇也是最先发展起来的，这与我们当年送教上门、培养人才应该也有千丝万缕的联系吧。

这次是到了目的地才通知我们中小学一行的语文和数学教师所讲的课题，大概是想对我们进行现场检验吧。颠颠簸簸来到低庄后，我被告知上课文《游击队之歌》，这是中国著名作曲家贺绿汀于1937年创作的一首进行曲风格的群众歌曲。我无暇顾及学校环境，马上着手备课。

怎么教？我只好求助于同行的数学教师瞿郁成，他人长得帅，歌唱得好。课上的第一个环节，我就请他先唱这首歌，帮助学生进入本课的思想情境，结果效果出奇的好，学生们被他声情并茂的演唱深深吸引了——后来瞿老师改行做了宣传部副部长（现为怀化驻京办主任），与他磁性的歌声是分不开的。不过，湖南真是艺术之乡，李谷一、宋祖英、张也等不说，就是我身边的同学，也个个歌声嘹亮，就这一点来说，我是很逊色的——典型的中音区，高亢的歌没法唱上去。但好在我音准好，情感到位，教学结束时，我领着大家一起唱，来听课的全镇的语文教师也跟着唱，《游击队之歌》在校园上空回荡。

只记得课后镇长召集大家讲话，他说："过去你们总是说我们的学生差，考不好，是学生蠢。我看今天张老师上课，学生怎么就不蠢了呢？你听听人家歌词读得多好。学生从两三个人举手，到几十个人举手。对什么是神枪手、什么是宿营地，没有枪、没有炮，难道真的是敌人给我们造吗，理解得多好。过去，让你们去外面听课，你们说都是人家学生聪明，还说都是事先上过的。这次好了，你们临时定的内容，没有假吧……"

这番话，多年以后我还感慨万千：

一是湖南的政府官员及教育局领导都有进学校听课的优良传统。2012年还曾报道过毛主席家乡湘潭市一位教育局副局长一年听课两百多节，找出教育问题再作规划。我们当时的教育局局长张晰，就曾两次走进我的课堂。一个校长不走进课堂就像是被蒙住眼睛去上班的人，一个主管教育的领导不也是如此吗？

二是不少教师到外面观摩课堂，不是听别人的课，想自己的课，而总是找借口，要么就说大城市的孩子生来聪明伶俐，不用教就会，要么就说那些课堂都是假的，学不来。

三是小学生可塑性强，不管是出生在大城市还是小城镇或乡村，智商差异不会太大，关键是看教师的指引，只不过乡村教师会付出更多。当然，到了高中，学生学业任务加重，难度提升，就跟遗传基因以及先天的资源配置有关，就不仅仅是付出的问题了。

"支教轻骑队"首战告捷。之后我们常常应邀穿梭在乡间田野，大多是利用周末时间。已不记得去了多少乡镇，上了多少节课。只依稀记得一次上小学教材中最长的一篇课文《凡卡》。我穿了一条红色连衣裙就登台了，不料一个年长的教师挥挥手，示意我出去。他说："上《凡卡》这样的课，怎能穿一条这么艳的红裙子呢？基调都不对。"他还坚持让我马上换衣服。情急之下，我只能凑合着换上了当地老师的服装。

毕竟是在1980年代的乡村学校，课上，同学们的答问与我的想法格格不入也能理解，好在我没有受此影响，一环扣一环，教学获得成功。后来我深刻反省，要上好一堂课，每一个细节都得考虑周全。从此，什么场合穿什么衣服，什么课堂宜什么装束，我都一一考究，特别注重仪式感，唯恐重蹈覆辙，出现当年的尴尬。

支教时与学生在一起

"支教轻骑队"在当年是很有感召力的，这种无形的影响力在多年后偶尔碰到的一个当年听过我课的教师那里得到了印证。她是溆浦花桥镇的，也应聘到了深圳当教师。她真诚地说："你不知道，那时我们多么盼望你们再来，比盼望电影队下来放电影还迫切。你还记得吗？你上完课以后，还听了我的课，我说我是照着特级教师的教案上的，你还批评了我呢。"

我终于想起，我当时说她："李谷一能唱花腔女高音，你能唱吗？特级教师的课有其自身的特点，还要考虑不同的学情，你如此照葫芦画瓢，岂能成功？"

至于她还说，告别的时候送了我一只干鸡，我真是毫无印象了。不过当时我们下乡支教完全是无偿的，乡村教师送些土鸡蛋、土鸭子、茶油、花生之类的也是常有的事。

就这么忙碌并满足着，我的实验班为期五年的实验也已临近尾声，我带着孩子们全力以赴迎接怀化地区的小学毕业班统考。

我在充满自信的同时也有些忐忑不安，毕竟我们只学了五年，要与六年级的学生抗衡。尤其是我的搭档——数学教师舒金竹，也是难为她了，如不是我提出实验方案，她也用不着这么辛苦，毕竟她比我年长一些。可敬的是，她一直很低调、扎实，默默无闻地耕耘，虚心向北京数学特级教师马芯兰学习，主要学习她的"教材加工法"，从纵横两个方面对原教材从结构上进行调整和组合，形成一个新的教材知识结构。

当年我们的小学毕业班统一考试有三科：语文、数学、思想品德加自然常识（两科各占50分）。我们实验班各科成绩均获得第一名，这让大家喜出望外。我们班的语文成绩的平均分是94.5分，远远高出六年级的平均分。我和校长都松了一口气，可以向大家交代了。

与此同时，李惠秀校长通知我说，主管教育的副县长李强要来听我的课。

我还在嘀咕，课都结束了，考试也结束了，还来听课？是来侦察一下我们为什么能获得如此好的成绩吗？可考试成绩已经可以证明了。

他是当年我们县里最年轻的处级干部，36岁，毕业于怀化师专中文系，曾经当过中学语文教师，后被地委选拔做了干部。他在城区学校全体教师大会上作过一次报告，说一口标准流利的普通话，感觉很有气场，要知道当时的干部都是讲方言的。他言辞得当、条理清晰、抑扬顿挫，让人感到文化气息很足。听说他还是极其严谨、公正、勤勉的人。

如此一来，我开始有一种从未有过的紧张，连夜选课、备课。

不久，副县长李强、教育局局长张晰等领导，还有中学的校长一行人来到警予学校。我选了当时初一教材中的课文——彭荆风的文章《驿路梨花》。

这篇文章题材不新，是一篇反映西南少数民族学习雷锋助人为乐的感人故事，但文章写得巧妙。我重点让学生学习直接写人与间接写人相结合的方法；注重训练按课文顺序记叙与按时间顺序记叙的差异，突出按课文顺序记叙能使文章波澜起伏、引人入胜的特点。多年后，我鲜明提出"构建以'写'为核心的阅读教学"的主张，是与我多年来的教学思想与教学实践相吻合的。

这节课当然赢得了听课者的一致好评。不愧是智慧的李校长，她直言不讳地问："县长，今天来听云鹰的课，是醉翁之意不在酒吧。中午大家留下来吃饭，我们慢慢聊。"大家都知道李强副县长是从不吃公餐的，如果吃了也要自己交钱。

我只记得他同意留下吃饭，李校长安排在方惠萍老师家里吃，方老师自己买菜做的。学校有一栋宿舍楼，大多数女老师都很能干，里里外外一把好手，中午随便炒几个菜对她们来说是很简单的事。那时教研员来听课，也常常安排在老师家里吃饭。

事后，我终于明白了，这次来听课，大家是有备而来的：

一是学生家长联名写信请愿，希望我把这个班一直带到中学；

二是县教研室刘美清主任也想尝试看看，这个班到中学后会怎样；

三是溆浦二中龚校长听说我班考试还超过了六年级学生，很想调我去他们学校任教。

种种因素，县里准备调我去"溆浦二中"任教。这次走进课堂只是消除顾虑、眼见为实罢了。在大多数人眼里，中学教师到小学任教顺理成章，而小学教师去中学任教一定会有疑惑。

一堂课，我过关了。我带着这个实验班一起走进了溆浦二中。重返中学，也正是我的初衷。

溆浦二中的前身为"卢峰书院"，始建于1754年，距今已有265年的历史，是近代史上湘西地区办学历史最悠久且颇有盛誉的学府，培养了向警予、刘绩成等革命先烈，舒新城、向达等专家学者，向仲华、曾育生等军政名人以及改革开放时期涌现出的易军、杨永红、郑能欢等优秀人才，取得了令人瞩目的办学成果。

我对这所学校也并不陌生，它是怀化市重点中学。我就是从这里初中毕业考上芷江师范学校的。我当年的老师还在，我们教室门前的那棵大树还在。

然而，回到这里任教并没有我想象得那么顺利。一是有老师议论纷纷：我们二中老师不行吗？非要她自己带上来？这不是对我们的不信任吗？我们还是科班大专毕业呢（怀化师专毕业生居多），她只是大专函授生，云云。人未到，已成了"众矢之的"。二是当年学校一共招了8个初中班，1至4班是面向全县小学生招的4个尖子班，实验班定位5班，6至8班是相对就近入学的较差的班，如此排班，实验班从一开始就没有优势，要与前面4个尖子班竞争会很吃力。三是到了中学，我必须承担两个班的教学任务（5班和6班），实验班的学生从年龄上比其他班，尤其是有些农村学校考上来的学生要小一两岁。我明显感到他们一下子要学习那么多的学科，面对比他们普遍都长得高的孩子，实在是有压力的。何况我还要再教另外一个弱班，一定会牵扯不少精力。

我突然感到茫然，这种选择是对还是错？对三年后的前景深感渺茫无望。

既来之，则安之，一切拭目以待。我依然按着我的既定方案实施我的教学计划，做实验班的班主任。但我也深知，初中毕业最后的检验一定是升学考试，这是毋庸置疑的事实。我每天绷得紧紧的，似乎没有睡过一个安稳觉，也深感重点中学的氛围跟农村中学和小学是大不相同的。大家每天都很卖力，尤其是那些尖子班，学生都在校寄宿，早晚都上课。

实验班学生对中学教师的授课方式也不太适应，我还要做些心理辅导。家长也出现了一些焦虑情绪，尤其是一个叫刘锐锐的孩子，上中学后闷闷不乐。小学时为了读我的实验班，他父亲让他五岁就来了。在小学时我对这个孩子关照有加，因为年龄最小，每天中午都是跟着我吃饭。但上了中学，课业增加，我也分身无术，关照不过来了。

他爸爸是人民医院的内科主任，主动跟我商量是否让孩子再回到小学读一年六年级。我担心其他家长也有此想法，如果我赞成，似乎会引起恐慌。我随即召开家长会，给家长打气，鼓励大家拧成一股绳度过这段中小学衔接的困难期。

在家长心中我是有威信的，毕竟五年的付出，他们看在眼里、记在心里，况且也是他们极力要求我带孩子们上中学的。稳定军心很重要，刘锐锐爸爸也就放弃了让孩子重读六年级的想法，并表示配合我坚持走下去。令人欣慰的是，刘锐锐高中毕业后考上了湖南省公安高等专科学校，现已是国家公务员，并已成为湖南省郴州监狱优秀的分监区长。

走进二中第一个月，还没有很好地安顿下来，学校就通知我上公开课，上课内容也是学校规定的:《新闻二则》。2008 年这篇文章好像改成《消息二则》了。我当年的语文教师段玉婉当时还在学校教书，她是从北京下放过来的，声音甜美，人长得特白净，尤其是朗读课文字正腔圆、声情并茂，直到今天我还常常想起。当时她一听到这个消息就诚恳地对我说:"云鹰，这次的公开课，你一定不能掉以轻心，他们是带着挑剌的眼光过来的。好好准备啊！"

  公开课对我来讲早已不陌生，但这次的课非同小可，难道决定我是否继续待下去吗？我也算是洞庭湖的麻雀——见过风浪了，自然也不会战战兢兢、患得患失。这次我采用的是比较式教学法，把毛泽东主席亲自为新华社撰写的，堪称我国新闻报道经典之作的《我三十万大军胜利南渡长江》与《我军横渡长江情景》一文进行比较学习，更能体会毛主席面对这一重大事件时的举重若轻，仅仅用了不足两百字的篇幅就写出了渡江的基本情况，及时报道了解放军会师南下势如破竹的事实，让学生学习毛主席文字简洁、语言凝练、平实中彰显宏大气势的写作风格，从中归纳出新闻写作的五个结构：标题、导语、主体、结语以及背景；自己总结写作新闻重在"新"，否则就变成了"旧闻"，还需把人物、时间、地点以及事件发生的原因、经过和结果这六个基本要素写清楚。

  整个教学过程突出学生的主体作用，教师只是点拨、引导，这在当时的中学课堂很是少见，也算是让他们"开了眼界"。因此，这次公开课的评价很不错，记得最清楚的就是一个老师说："果然名不虚传。"

进电视台　登大舞台

如果人生就定格在教师角色上，也许不会妨碍我在教育行业优秀下去，但是更为丰富的人生体验向我招手——因为个人综合素质突出，我竟然阴差阳错地在教学之余做起了"演员"。

湖南是一个历来重视文化大发展大繁荣的大省，特别重视人民群众的精神文化生活，因而，即使在一个县城，群众文化也是紧跟时代步伐，可谓风生水起。

1980年代末期，溆浦县群众文化艺术馆成立了一个业余的"爱美艺术团"，当时招揽了县城各行各业里的文艺拔尖人员。每周三、周六晚都要开展文艺活动，每年都要承办全县性的各种大型演出，诸如"迎新年晚会""五一劳动欢歌""祝福祖国庆十一""军民联欢亲如一家"等等。

是谁、是什么原因，我被拉进这个"团"已无法考证了——好像是缺少有功底的舞蹈演员，领导派给我这个临时客串的行政任务。总之，我成了"爱美艺术团"的一员，还有不少从专业文工团改行而来的有童子功的科班出身的男男女女加入，好不热闹。

最初，因为身材、舞姿不错，我被安排做伴舞。《绣红旗》《红梅赞》《妈妈教我一支歌》《采槟榔》等歌曲，别人主唱，我们一群人围着主角在旁边跳。这些演出，有些节目是我们自己编导的，有些是从地区歌舞团甚至省歌舞团请来专业导演编排的。

记得有一次，团里安排我们专门与机场部队的干部、战士一起迎新春，为了节目的丰富性，团长突然通知我说，要让我和向云（五金公司干部）表演一个男女双人舞，主题是歌颂军人的。当时我已怀孕三个月，但觉得是政治任务，不好推脱，只好答应。向云很擅长民族舞，就主张跳一段有民族风味的舞蹈，而我向来喜欢现代舞，但因为怀孕，一定不能大跳，就听从他的想法，跳了一段《月亮走我也走》。

怀孕三个月的张云鹰（左）与向云表演《月亮走我也走》剧照

自从这一次跳双人舞获得好评后，我们后来在团里接二连三地跳了不少双人舞，《山丹丹开花红艳艳》《妈妈留给我一首歌》等，留给我印象最深的就是跟吉首大学指挥系毕业的向卫军共同表演的双人舞《请跟我来》。许多年过去了，只要看过这个表演的人都念念不忘。我的一个朋友丁超是当年团里的吉他手，他至今还在说："云鹰，你和向卫军表演的《请跟我来》，真是绝了！也是你无数次登台表演中最美的一次。"可惜未能留下一张剧照。

回忆当年的这场演出，万万没有想到它竟然成了向卫军人生的告别演出。

向卫军在小学时就被招进县文工团，其各项基本功扎实，演出风格也丰富多样。但他个人很喜欢指挥，当年一边在文工团练功，一边接受文化教育，发奋学习，考上了吉首大学音乐专业指挥系。毕业后他被分到怀化地区电视台，准备报到了。这次演出是应县文化馆的邀请，他特意回来参演的。他就根据由苏芮、虞戡平演唱的二重唱歌曲《请跟我来》自编自导，邀请我一起表演了这个双人舞。

同团的人听说他回来编排了这个双人舞，不少女演员都主动向他提出做主演，按照惯例，好的节目主演需要 A、B 角。而我本就是业余的，从来就没有想过跟专业人士搭档，很多高难度的动作也达不到要求。出乎意料的是，他主动找到我，郑重其事地对我说："云鹰，这可能是我在溆浦的最后一次演出了，你一定要帮我好好完成这个夙愿。"我轻描淡写地说："别这样说，到了地区电视台还是可以常回来的，那么多人都等着跟你跳呢。我不是舞蹈专业出身，这次演出就免了吧。"接着他十分诚恳地讲，那些人的确表演得不错，有些是专业文工团出来的，但是他觉得我 1.66 米的身高跟他 1.78 米的身高配合起来效果更好。

更没想到的是，为了很好地表现这个舞蹈的内涵，当时他还找了我先生——他们是十分要好的哥们儿，征得我先生的同意。

向卫军对这次表演非常重视，排练中，他经常指出我的问题，比如双方眼神的交流、动作与音乐节奏的协调、托举时的心情要放松等等。毕竟我只是业余爱好，他非要把我当成专业舞蹈者来训练，其中的艰苦不言而喻。

功夫不负有心人，最终演出获得了极大的成功，我似乎向专业舞蹈者靠近了一步。向卫军带着满心的喜悦奔赴他新的工作岗位。走之前他还向我们一一

当年练功时的英姿

告别。见他齐肩的长发已被剪成近乎寸头，我们这帮朋友突然很不适应，这个人似乎失去了原有的艺术家的潇洒。为了给他送行，我们"爱美艺术团"的团友集聚县总工会演唱厅，跳交谊舞，唱流行歌曲，通宵达旦。

人生没有不散的宴席，但没有想到的是这场演出、这场告别舞会，成了我们和向卫军的永别。第二天就从怀化传来了他因骑摩托车撞上一辆大卡车而不治身亡的噩耗。

听到这个消息，我不能自已，太意外、太突然了。我既哭不出，也说不出话来。我先生与向卫军的朋友立即商定，设法将他从怀化运回来。"文革"期间，因受海外关系（那辆摩托车就是他伯父从台湾寄来的）的影响，他父亲被打倒，母亲改嫁，向卫军没有兄弟姐妹。此时他父亲正在北京开会，他们还在商议怎么跟他父亲说这件事，后来达成一致意见，先隐瞒实情，派人到火车站把人接来再择机告知。

追悼会上，向卫军的父亲比我想象得坚强。也许经历过"四清"、经历过"文革"的人，其承受力是常人所不具备的。我清楚地记得灵堂设在县文化馆前面的一个篮球场上。他父亲振振有词地说道："我一定要继承儿子的遗志，在有生之年完成他未完成的事业……"这场葬礼在溆浦县是空前的，他生前结拜的九个兄弟无一缺席，扛花圈的人就达 200 余人，路边送行的也是人山人海。

我一直跟随队伍送向卫军到山上埋葬。事后我对先生说："你们哥们儿还是很讲义气的，难能可贵。"他说："那当然，以后我们谁出事了，都会如此。"没想到 20 年后，他自己因癌症去世。尽管那时我们已离婚多年，但他们结拜兄弟间的情谊同样表现得一如当年，他们给他选了很好的公墓方位，竖了一块很好的墓碑。我有时在想，现在，人与人之间似乎更看重利益了，更讲究权益交换了，那种纯粹的情谊是否还留存人间？！

向卫军离世后，我再没有跳过双人舞。与此同时，我被抽调到县政府组织的"社会主义教育文艺宣传队"，历时一年。期间，我除了带好自己的班级，还要经常下乡下部队慰问演出。虽然非常辛苦，但是这种演出经验，对我今后的教育人生产生了潜移默化的影响，比如促使我建立"人生就要在丰富的阅历中更为美好"的理念，积极开发几十门配方课程；比如我会在学校内开展"读书的女人最美"等多种多样的演出活动，丰富老师讲台之外的登台经验……

当年的条件有限，我们的演出是快乐并辛苦着的。那是一个天寒地冻的冰雪天，我们一行30余人，坐着敞篷军用车，向着溆浦雁鹅界方向的白斗溪进发。一路上，弯弯曲曲的盘山路，车子忽左忽右，前看不到人家，后不见路面，一群文艺工作者的恐惧、叫喊声可想而知。不知怎的，也许是雪后的路面上的冰雪没有完全融化，突然，汽车轮子一直向下滑。眼看着就要滑入山谷，大家更是尖叫惊呼，我也是茫然不知所措，只是觉得这下完了，我们都要葬入谷底了。谁知，汽车突然不动了，大家腿都软了，好不容易回过神来，才发现汽车后轮被一个大大的树墩挡住了。当时就有人说："是向卫军在保佑我们。他知道我们今天会来的。"我们真的是在鬼门关前走了一遭，现在想来还是后怕不已。

之后，我们外出演出尽量避免恶劣天气，大都选择较晴朗的日子，一是保证安全；二是演出者和观众都能有愉悦的心情。如今的雁鹅界白斗溪已被当地商人打造成溆浦有名的旅游胜地，森林木屋风景秀丽，天然氧吧百年古村。尤其是朱怀高速交通设白斗溪高铁站，因交通便利，更是吸引不少人去那里感受不一样的田园风光，感受四季的变化。

也不知从什么时候开始，我开始做专业的节目主持人了。

现在的节目主持人，过去叫报幕员，无非是说说"第一个节目……""下面请看……""演出到此结束"。而我每一次出场都与之前的人不同：一是我会根据演出不同的主题进行气氛的渲染，或是解说或是问候等；二是我会根据不同节目的内容设计不同的台词；三是我会在中间穿插一些灵活的嘉宾采访。因是自己写的主持词，所以我从不用看稿，慢慢地，我竟成了县城家喻户晓的名人，以至于有一次，别人问我的儿子："你妈妈是干什么工作的？"我儿子居然认真而幼稚地回答："我妈妈是专门在台上讲话的。"儿子三岁之前，我父亲或者我先生会常带着他去溆浦剧场或溆浦会堂看我的演出。

30年前，主持节目的张云鹰

1997年，张云鹰在深圳宝安主持最后一场大型演出：庆祝香港回归

想想那个时候，没有过多的文娱生活，没有太多的诱惑，每年看几场大家熟悉的身边人的表演是件很兴奋的事情。每每元旦、五一、十一，剧场或者大会堂就被挤得水泄不通。好几次我化好了妆，都被堵在大门外无法进去，这时认识我的人都会高声嚷着："快让让，这是主持节目的，她进不去，我们还看什么。"

这样的业余生活维持了很多年，即使我1991年调到怀化地区教育科学研究所做了语文教研员，还时常被县文化局、县文化馆请回去主持节目。1997年8月，我调到深圳宝安沙井镇文教办工作，正逢香港回归，我除了编了一个舞蹈《东方之珠》之外，还主持了最后一场大型公开演出。

也许是由于这些舞台表演经验，也许是由于我们教育局长对我主持的节目很是赞赏，他们决定调我到"溆浦县教育电视台"做专职播音员和节目采访。其实我十分清楚自己做播音员的弱势：一是普通话不太标准，在当时大多数人不太讲普通话的前提下，我只是稍微显得好些；二是我天生长着一张圆脸，很不上镜，尤其是近看过于臃肿。

首任台长胡明春找到我，一一解除我的顾虑：一是送我去北京广播学院进修，专攻语言学习，力保达到中央电视台的播音标准；二是拍摄时尽量把镜头拉长，让脸型显小，或者只做专门的采访采编节目；三是教学实验班已到尾声，教学理想也都实现，没有什么遗憾了。更重要的是，教育电视台还是跟教育打交道的。碍于情面，我勉强答应一试，先借调，等找到感觉了再定。不知不觉中，我成了"溆浦县教育电视台"首任播音员。

　　在电视机还非常稀有的年代，做电视台主持人是件非常荣光的事情，而且经常出镜，有做名人的那种优越感。但是，我一直以来活得比较理性，被调到电视台，是我始料未及的，而我的初心所在，一直是课堂，从未改变。好在我在电视台的一年，也依然和一些名师打交道，做学校、教学这些内容，这使我不但没有脱离教育，反而在拉开一段距离看教育、思考教育中，对教育有了更为深层次的理解。而且更为重要的是，这段采访和主持的经历，给了我别的教育者难以体验到的舞台经验和讲演能力，它最为显性的影响，就是后来我在竞争校长岗位，在台上发表演讲时，为我加分不少。

　　这一年，让我更为明晰，我内心深处还是喜欢课堂，那才是我安身立命的长久之地。在这一年的半脱产、半教学的体验之后，我当机立断，保持职业的纯粹性，回到学校，回到讲台，回归教育。而我也没有自责"荒废"了这一年，因为它给了我非同一般的体验。后来我开创开放教育的理念和实践，应该和这段经历有关系：如果一个生命没有真正体验过开放的美好，没有体验过社会丰富生活的美好，它就会是单调乏味的、无生命力的。作为教育人，你要影响的是一个个鲜活的生命，如果你的生命尚且黯淡无光，怎么去更好地影响他人呢？！

专职教研　勇创先河

越努力，越幸运。这是一句普通而蕴含深刻生活哲理的话。

回归教育，我的起点还在那里——我所带的实验班取得的成绩。

这次实验是非常成功的。我们一同毕业的8个班，4个尖子班和4个普通班。从学生的角度看，我们班是自然普通班，而且学生年龄普遍比其他班小一两岁，大都是1978年和1979年出生的孩子，他们现在正好是各行各业年富力强的中流砥柱。当时我们各学科的成绩都高于年级平均分。

值得反思的是，毕竟学生年龄小些，跟前面4个尖子班的学生比，在考试成绩上没有很大优势，尤其是数理学科，有些还略显不足。不过可以肯定的是，我的学生的综合素质和能力更为出色些。据我所知，现在不少学生发展得都很好。一个当年学业较差的学生现在都成了一家国企的主管。

我也常怀担忧，生怕日后学生有什么闪失，生怕因为自己的举措影响到他们的前程。庆幸的是，传来的都还是佳音。

不管怎样，当时在我们整个怀化地区，我的实验还是引起了不小的反响。虽然那个时候的媒体传播和现在有天壤之别，但口口相传，很多人都知道有个叫张云鹰的老师带了一个实验班，这个实验班取得了很好的成绩。

我是那种能够全力去做一件事，而从不怨天尤人的人。其实你从一次次努力的回馈中，越是能够体会到"努力"和"幸运"之间的辩证关系，人生观也会更为积极。事实就是这样，往往那些怀着不劳而获心思的人，才会抱怨命运的不公，上天的不眷顾；或者是那些愿意努力，但从一开始就抱着强烈功利念头的人，才会怨天尤人——付出一旦没有及时得到回报，就觉得白白浪费了时间。世界上没有白白付出这样的结果。

在抱怨之前，不妨问问自己：我努力了吗？我努力做到极致了吗？

1991年暑假，正当我犹豫是继续待在电视台还是回到学校再从初一教起时，突然接到通知，地区教委要调我去怀化地区教育科学研究所做教研员。那一年，我才27岁。

后来我才知道，点名让我去的，是教科所一位即将退休的老语文教研员——唐顺清老师。2018年清明期间，我回乡扫墓，又专程去看望了已83岁的唐老师。

之前，我和唐老师素不相识。只是后来我两次代表溆浦县到地区比赛，一次获得特等奖，一次获得一等奖第一名（没有设特等奖）；也曾代表地区参加全省大赛，获得过一等奖。她多次现场听过我的课，可能一直在关注我，觉得这个年轻的"后生"非常优秀——那个时候两次参加地区教师大赛并获奖是绝无仅有的。她了解我更为直观的依据是实验班五年级毕业就考过了六年级，还看到我在教育刊物上发表的文章，觉得这个年轻人的教育见解和文字表达能力都不错。于是，就向领导申请，点名让我去接她的班。

事先我并不知情，事后也费了一番周折。

县里不放行，副县长李强就第一个反对，二中校长不敢签字，当然是为了留住人才。最后还是李惠秀校长出面说情：张老师有机会去地区，不

1994年，张云鹰作阅读教学讲座

管是为了她个人的前程还是为了我们县里的教学发展都是有益无害的。"警予学校"是教育部认定的"全国教育工作先进单位",李校长在教育界是有威望的,她的话也是有分量的,他们听取了她的意见,最终还是同意我去地区教育科学研究所。

我怀着感恩之心来到了怀化地区教育科学研究所(现在已改为"怀化市教育科学研究院")。唐老师要一年后才退休,她让我先来,也有先手把手带带我的意思。所以我调到教科所后,先被安排做思想品德教研员,一年后唐老师退休,我才正式接任语文教研员的职务。湖南一直是一个非常重视思想教育的省,那时省教育厅就要求各地市配备专职的小学思想品德教研员,这在现在也是罕见的,即使今天的广东也没有此配备与要求。当年由省教研员刘建校老师负责领着我们开展各种教研活动。

我做思想品德教研员第一次辅导的是现在怀化市实验学校陈淼副校长上的课,最终获得全省大赛一等奖,我自己也获得省优秀指导奖。与此同时,我还参与当时湖南省教育科学研究所所长刘先悍亲自组织的《思想品德》教材的编写修订工作,出版《小学思想品德教学案例》一书。有很多人觉得思想品德课是边缘学科,不像主科那么重要,而我的这个差事,也似乎是个闲差了。但我不这么想,我做思想品德教研员,也想方设法做到最好。

所以有时候我在回忆中就想:所谓的成功,不是你一拍脑袋作个什么决定就成功的,它一定有思维方式的基础、行动力的基础。我从一开始就是这样的思维,做什么都要做到最好,把自己的潜力、才华,尽力发挥出来。事情不做到极致,你的价值怎么体现?事业的走向怎么改变?这应该都有一种因果关系。

当时我着手编写了一套怀化地区思想品德的小学乡土教材,后来由湖南教育出版社正式出版发行,共4册,供怀化地区13个县1个市的三年级以上的所有小学生使用。

为什么编写这套教材?其实跟我一直推崇向警予精神是有关系的。我要让所有的学生都弘扬警予精神,必须通过教材学习才能深入人心。当然,除了要推广警予精神,我还把视角放得更为开阔:我们怀化地区13个县市,无论从地理环境上,还是从历史文化上,都有很多可圈可点的地方,都可以拿来作素材,比如杰出的军事家、革命家,怀化地区会同县的粟裕大将军,无产阶级革命家、中国第一任铁道部部长滕代远等,都是一些可歌可赞的人物。这些内容对于增强学生热爱祖国、热爱英雄、热爱生活、热爱家乡的情感,是大有裨益的。

那个时候,我就借编教材的机会,到怀化的各地去采风,去了解风土人情。越考察,越是笃定自己编教材的想法:怀化的人文历史和地方特色,太值得挖掘展现了。

首先是地理优势,怀化是全国性的综合交通枢纽城市,自古以来就有"黔滇门户""全楚咽喉"的称谓,在全国四五线城市都没有火车的时候,怀化地区的铁路就四通八达了。所以我在教材里就写了《火车拖来的城市》一文,我依稀记得那个时候并没有这个说法,但后来我们教材出版后,这个说法开始广泛传扬——是不是我一不小心开了先河?也许是。

怀化不但是交通枢纽,在自然环境和人文历史方面,也有很多值得书写的内容。比如它被称为"会呼吸的城市",森林覆盖率近70%,是中国九大生态区之一。怀化古村、芷江受降纪念坊、洪江古商城、黔阳古城、万佛山、燕子洞,尤其是那些历经岁月沧桑的古村落,是我们当地独有的特色,也是当地人最为自豪的地方,是名副其实的"古建筑博物馆"。我一直想,这样难得的古物,有些人习以为常,不知道它的珍贵,如果以此为载体,搜寻久远的记忆,从沧桑的砖墙中了解怀化乃至湖南之地的历史风情,不是比空洞的说教强百倍吗?

20多年前的公路交通很不方便,教研员下县市调研都是单枪匹马。那时我家里的保姆要全力照顾年迈的父母,为了全力以赴完成教材的采访和编写任务,我就把四岁的儿子送到地区幼儿园全托,周一送去,周六接回。每周一一早去幼儿园的时候,儿子都会紧紧地拉着我的手说:"妈妈,星期三你会来看我吗?好多小朋友星期三都可以回去的。"我心里知道一旦出差,来回几日根本无法满足他的要求,只好笑笑说:"我争取啊!"

印象最深的一次是准备写"寄托哀思、缅怀英烈——记湘西剿匪烈士陵园"一节,思来想去,决定实地考察。

"湘西剿匪烈士陵园"的所在地是沅陵县,素称"湘西门户",也是湖南省面积最大的县。境内有楚秦黔中郡遗址、秦代二酉藏书洞、唐代龙兴讲寺、明代虎溪书院和辰州三塔等名胜古迹。张学良也曾被蒋介石囚禁于沅陵凤凰寺。

从怀化乘坐汽车过去需3个多小时，我素来晕车，又知晓这里过去是土匪的藏身之地，便心生胆怯。但写作的欲望，迫使我不顾盘山纵横，一路颠簸，吐得翻江倒海。好不容易到站了，也顾不上填饱肚子，直奔目的地。

"红花无情笑东风，青山有幸埋忠骨。"当站在巍然耸立的烈士纪念碑前时，只感微风轻拂，一切疲惫荡然无存，民族中坚，千载敬仰，英风浩气，大地永藏！我情不自禁地缓步向前默哀，并深深感到，写下他们的事迹，对缅怀烈士功绩，弘扬革命精神意义重大！

我始终认为应该先让孩子了解祖国的那些辉煌与自强，空洞的讲述和口号，不能深入人心，而怀化的芷江受降纪念坊也正是开展爱国主义教育的最佳地点。它修建于1946年2月，是中国唯一一座纪念抗日战争胜利的建筑物，见证了世界反法西斯战争的胜利。最让我们自豪的是，它还和罗马、柏林、米兰、巴黎、平壤等地的凯旋门共同组成了全球六大凯旋门。

当时的教育大环境并没有现在这么开放，对于一些教学资源的利用还远远不够，在基层教育部门，课程开发意识基本是缺乏的。按照现在的说法，其实这套书就是地方课程，但是当时我们不叫课程，就叫乡土教材，然后每个学生——只要是怀化地区的孩子，都要用，都要学，因为我就是把它当成思想品德课的教材来做的，需列入学习课时。

我还记得自己提出这个想法时——在当时是很大胆和新鲜的想法，领导非常支持我，说"你去做吧"。于是我就在那里"瞎琢磨"。他们看了我的设想方案，都说挺好——当然，我们出了教材，上万名学生使用，所里是有收入的。但是当时我并不知道，我没有想到这套教材会给所里带来经济效益。

得到所里领导的肯定后，我还去长沙找湖南教育出版社的一个编辑，他比我年长，40多岁，一看就感觉编辑经验很丰富。我把自己的想法一一向他汇报，还把自己拟的一个编写提纲给他审阅，他竟然也是眼前一亮，连连点头，大赞说这是好事。后来，湖南教育出版社就毫不犹豫地答应帮我出版了，一套几乎是中国最早的地方乡土教材诞生了，也算得上是我最早出版的一套丛书。

以现在的眼光看，可能那套教材的内容还不是十分成熟，但我觉得怀化地区有很多优秀的事物和精神传统需要传播，比如说向警予，不是所有的孩子都知道，所以我就觉得有必要把我们地方的英模人物、一些重要的历史事件、风土人情，至少让我们这个地方的人有所了解，世代传颂，这样有一种家乡的自豪感。当时的我纯粹就是这样想的，用过的教师对我这套书的评价还是很高的，至少让学生的认知水平得到提高，了解了他们原本不知道的世界。回头看看，无论如何，20多年前，能够做这样的事情，是很有价值的。

张云鹰编写的"怀化地区小学乡土教材"

现在想想，这也是我开放式教育思想最初的一种历练。

1997年，我调到深圳的第一站——宝安沙井，以过去的经验同样主编了一本沙井乡土教材，当时主管教育的陈贤彪副镇长十分高兴——我调到沙井以后，开创了几个"第一"，其中就有编写了第一本沙井地方教材，供本地学生使用。

再后来我参与编写《神奇的宝安》一书时，还跟其他作者谈到了我当年编写地方教材的一些体会与经验。那个时候没有什么课程意识，就是跟着感觉走，感觉需要一套体现地方特色的教材，我就去积极编写。当年我作过很多这样的尝试，对我之后的教育教学的深入研究都是有影响的。以至于我多年后首创开放式教学、开放式教育，形成开放式教育思想体系，都是与当时自己的实践和历练分不开的。

为了更好地做好思想品德教研员，我白天正常上班研究教材教法，深入学校调研、听课、评课，晚上备战全国成人高考——按理应该继续学习中文，我却为了符合当时的思想品德教研员身份报考了华中师范大学政教系。

三年的辛苦学习，《诉讼法》《行政管理》《法学》《中国通史》等之前未接触到的领域让我豁然开朗，这对我后来管理学校打下了良好的基础。而我们当年的政教系同学，有的去了法院当了法官，有的去了党校做了教授，也有的考了公务员当了行政干部，都颇有成就。

　　当1994年7月我同时拿到"华中师范大学优秀学员"证书和"华中师范大学政教系毕业生"文凭的时候，唐老师已光荣退休两年，我已成了当时湖南省最年轻的小学语文教研员。

　　当时的省教研员李中璋老师对我很是器重，精心培养我。我们一起研究童话引路等作文教学，还出版了《69篇课堂作文教学》一书。同时，我指导的作文教学课获省教学大赛一等奖。我们地区13个县、市、自治区，每个区域不少学校都开展了"注音识字，提前读写"实验，当时此项实验起源于黑龙江佳木斯，传播到大江南北，并取得了很好的教学成效，为此，我还在全省实验教学研讨会上作专题经验汇报、交流。如今，不少地区挂牌的"实验学校"，事实上是没有进行任何的教学实验的。期间，我还荣获"全国小学语文优秀教研员""湖南省优秀指导教师""怀化地区先进个人"（各行各业参评，我是教育界的唯一代表）等荣誉称号。

　　很多同事预测，按照这样的发展势头，张云鹰迟早会被调到湖南省教育厅教科所去。事实证明，后来的确有这样的机缘，但人生走向并不如人所预测，人生变幻无常，谁又能预测得了呢？！

下篇　长空任飞　道阻何妨

20世纪末的中国，一片生机勃勃、欣欣向荣的景象。经过数十年的改革开放，各行各业涌现出了很多佼佼者。在回顾那个时期的成功者时，人们往往习惯于把眼光集中到"财富榜"上闪耀的那几位身上。殊不知，在教育领域，也有一批先行者。他们的新思考、新做法，推动着中国教育的改革与发展。

从湖南小城到改革开放的前沿阵地深圳，张云鹰的教育之路经历了哪些关键节点？她的教育人生版图，又是怎样展开的呢？

婚姻变故　砥砺前行

事业上的一切都发展得这么顺利，我为什么还会选择离开家乡南下来到深圳呢？

我的选择跟当时的时代发展有关系，也跟我的家庭密不可分——我的婚姻发生了变故。

婚姻的变故，并不是导致我毅然离开的直接原因，而是婚姻变故中的一些遭遇，让我意识到我所处的环境，已经无法使我像以前那样"自由呼吸"。同时，对于深圳这个改革开放的前沿阵地，我虽然没有很深入的了解，但隐隐约约感觉到那是一个可以让我更好地追梦、更好地发展的地方。

祸兮，福之所倚。当年的婚姻变故，带给我很多思考。

我对结婚对象的选择是仓促而无奈的。父亲当时非常明确地跟我说，我不能找外地的对象，一定要留在他们身边，否则的话，就和我断绝父女关系，这是我特殊的身世造成的无奈。我当年报考师范学校，就已经违背了父亲的意愿，婚姻事关重大，如果再因此和父亲闹翻，就难免要背负"忘恩负义"的名声。因此，我放弃了很多选择对象，只要对方说要离开这个小县城，我一律婉言谢绝。这样的"屈服"，这样的"就地取材"，为我之后婚姻的变故，埋下了伏笔。

我的先生是体育教师，形象不错，算得上是能歌善舞的文艺青年。但是客观来说，在人生价值观方面，他属于享乐型的，没有太多追求，更谈不上什么事业与理想。我以为夫妻要走得长远，要从最初的两性相吸到两情相悦，最重要的应是两心相契。

当年我选择他，也许是因为他的舞跳得很好——他曾参加湖南省国标舞——探戈大赛并荣获二等奖，可没想到的是，后来他因为跳舞几乎荒废了自己的工作。我是喜欢跳舞的，但绝不会因为这个业余爱好放弃工作、放弃对事业的追求。

他对跳舞玩乐沉迷到什么程度呢？1990年代初期，交谊舞盛行，歌舞厅林立，什么"广寒宫"，什么"盛世王朝"，应有尽有，他差不多每天晚上都乐在其中，几乎到了玩物丧志的地步。好在他对我还有几分畏惧，每晚都做好饭、洗好碗，一切家务处理妥当才离开。我并不阻止他，只要他不影响我就行。偶尔我们也会在某家歌舞厅相遇，也会礼节性地跳上一曲。

1991年，我调到怀化地区教科所，他也调到了怀化商业学校当体育教师，教中专学生。

他是怀化师范专科学校体育系1980届的学生。尽管那个时候的本科生很少，研究生更稀罕，但我还是认为，在中专学校教书，如果没有本科学历，以后恐怕难以立足，就逼着他参加学历提升的教育。

我自己原本就有继续深造的想法，于是我们俩就一起准备参加成人高考，我每天早上拉他起来一起看书，晚上一起做题。结果他考上了湖南师范大学，我考上了华中师范大学。后来也真如我所料，他之所以能在怀化商业学校继续当老师，就因为有了这张本科文凭，否则只能换岗去做诸如学校后勤的工作。

被我逼着拿到了文凭，他又以为万事大吉了，于是继续穿梭在各家舞厅，其间有朋友提醒我，要注意他的表现。我也知道有一些女孩子很喜欢他。也不知怎的，我不但没有担心、焦虑，反而任其发展。况且，我一心扑在工作上，也顾不上这些——经常要下校听课、指导，13个县、市、区，每个地方都要走一走，还要经常组织、开展各种全区的教学教研活动，又因为儿子在幼儿园全托，我不在家，也是常有的事。

到后来我就觉得，既然有女孩子喜欢他，我又比较欣赏那种对事业有所追求的男性，更特别在意那种在精神上能够交流的人，那倒不如给他自由，干脆分手吧——当时我就是很平静很坦然地跟他这么说的，没有吵闹，没有纠纷。可真的要分开，他又是极不情愿的。我只好提出：先分居不分家。

1992年，我就购买了教委的集资房，三室一厅。同事们都觉得我挺有钱的，一般年轻人买的是两室一厅或者一室一厅。其实都是我父母出的钱。1990年代初期，大家都在争当"万元户"，一个家庭能拿出近万元买房子是很引人注目的。

那时我家保姆跟着我住，我也不希望儿子的情绪受到影响，更不希望旁人知道，只能等着他自己想明白。他回家与否我全然不闻不问，就当这个家是他临时居住的酒店。

1994年30岁，人生走到而立之年

1994年4月的一天晚上，他突然说："明天我们到民政局办理离婚手续吧。"我既没有欣喜，也没有悲伤，只是觉得要去做一件应该了结的事而已。

当我们走进民政局的时候，工作人员惊异地看着我们，以为我们走错了地方。就这样，红本结婚证换了绿本离婚证。那一年，我刚好30岁。

我们达成离婚的共识没有经历什么波折，但是当时有一个规定：办离婚手续，必须有单位领导签字并加盖公章。我十分不想让领导知道此事。首先，我觉得离婚是很私人的事情，为什么要公开呢？如果我去找领导签字盖章，就等于昭告天下，并且还担心领导派人做我的思想工作。其次，1994年那个时候，大部分人的思想观念还是挺封闭、保守的，尤其是在教育战线这个"为人师表"的领域，作为教师，作为教研员，一旦离婚，大家马上就对你另眼相看了——比如说可能因为离婚，入党资格就被取消了。所以我就想着，我们要悄悄地把事情处理好。

如果不跟领导坦白这件事，就没法让领导签字，也不能光明正大地盖单位的章。怎么办？因为我们所的教研员经常组织各种活动，包括评选论文、教学比赛颁奖等，这些都需要用到公章，所以我随时可以拿到。借此便利，我事先写好申请，以工作为名，到办公室把公章领出来盖了章。我先生的办公室领导是他的同学，盖章也比较顺利。

所以，我们是"私下"办了离婚手续的。原以为神不知鬼不觉，不成想这样的做法，后来带来了比较严重的后果。也因此，我更坚信《增广贤文》中的这句话：若要人不知，除非己莫为。

到底是怎么回事呢？本来我以为是几个人知道的事，谁想到我先生后来可能是后悔离婚了，竟然把这件事情的经过捅到我们所长那里，居然说是我骗他办理离婚手续的，而且都是我自己盖的章、自己签的"情况属实"等。

我们所长听了，除了震惊就是生气。这件事在当时来讲真算是一件大事儿——你离婚组织不知道，还私自盖公章欺骗组织，就是政治问题。为此，地区教委还专门召开会议研究应该如何处理我。

据说领导的意思是，虽然这件事对党没有造成伤害，对工作没有造成影响，但是个人问题毕竟没有向党组织坦白，并且私盖公章，还是要处分的。因此，我的预备党员资格被取消了。也因此，之后很长的一段时间我都没有写入党申请书，直到 2003 年我做了校长，需要校长、书记一肩挑，2004 年 7 月 1 日，我才光荣入党。让我欣慰的是，之后我还被评为"先锋党员"，还有幸成为深圳市第五届党代表和广东省党代表候选人。

这些处罚，当然还不足以成为我选择离开的理由，最后我的离开，主要是因为这样的一种变故，周围的人真的不是很理解，我要承受各种莫名的非议和压力。从我自身来说，我是不会因为离婚而抬不起头的——我不是那样的人。我照样穿得漂漂亮亮的，每天精神十足地出门、工作。但有人就在背后说：你看她离婚了，还穿得那么漂亮——好像是要招蜂引蝶似的。有的还说：她先生是不是要跟一个年轻漂亮的女孩结婚了？尤其是我的一些朋友、同学来看我或开车来接我去哪里放松一下，那更不得了了：你看，她离婚了，还车接车送的，是不是早有目标了？……

特别不能容忍的是在工作上，你付出再多、成绩再大，都被忽视掉了。家庭生活中的遗憾，好像会把你定义为一个失败者，工作成果再多，也注定你是失败的。这的确是很荒谬的事情——如果放到现在，别人不会因为你离婚而对你有偏见，因为社会观念发生了很大的变化，尤其在深圳这样一个改革开放的前沿阵地。但是那个时候，人们就觉得离婚的人是异类，我那个时候才30岁，形象气质都还不错，人家更是觉得：她想攀高门了。

事实上恰恰相反，凡事我都会作最坏的打算，30岁离婚，我的人生之路还很长，如果有幸能找到灵魂伴侣，相依相拥当然是美事，但如果无缘，一个人也能活得很精彩。就像我心目中的女神向警予，因生活习惯的差异与蔡和森在莫斯科理智而平静地离婚，但并不影响她成为中国共产党唯一的女创始人。我一直崇敬的李惠秀校长，也是终身未嫁。也许我是感情比较独立的人，不愿牵绊别人，更不愿被别人牵绊，当然也有着对自由婚姻与美好生活的向往。

在各种无端的非议之下，我又坚持了一年——其实你不走，谁也不会把你怎么样，最多是不能正确理解你，不能正确对待你。但最终，我还是迈出了这一步，决定走出去。

1995年暑假，我曾经独闯深圳，所见所闻，感觉和我的性格太相符了：这才是我心目中发展事业的理想之地。还有一件事是，一位旧友突然有一天打电话给我，很兴奋地说："云鹰，你猜我现在在哪里？"原来他已提前退休，在珠海华夏学校主管小学部，更让我惊讶的是，不少当年的知名教师，如贺诚、刘中和、史秀荣等都云集于此。他还告诉我，这所学校的教师最低月薪为3600元。这是我无法想象的，当时我一个地级市教研员的月薪是472元。

种种召唤让我不假思索，我立即动身准备去看个究竟。那是1996年，我从怀化登上了去广州的列车。

我把母亲和儿子留在老家。儿子那时候刚九岁，上三年级。之前我母亲在溆浦县城，身体不是很好，有一只脚完全没法走路了，是保姆一直在照顾她，后来我到怀化以后，因为要照顾孩子，保姆便跟着我来到怀化。

现在我要走了，保姆不可能跟我到广州来，也不愿意在我走后还留在我家——她不知道以后会怎么样，感到渺茫，就启程到宁波那边打工去了。我拜托亲如家人的李惠秀校长帮忙照顾我母亲，后来又请了一个保姆。

但最大的问题是谁来照顾儿子。

我就跟孩子的父亲说："我先出去看看，你来照顾儿子，最迟一年以后我回来接他。"孩子的父亲不愿意，可能是因为已再婚，担心处理不好新家庭的关系。当时儿子没有表现出什么，但是若干年以后他跟我说，当年看我决绝的样子，以为我走了，不要他了；他父亲也不愿意要他，觉得爸爸妈妈你推给我我推给你，自己是不是很多余？

当时的情境下，我压根儿没有想到孩子是这个心态，如今回想起来还十分内疚。如果时光可以倒流，我一定带着他一起走，哪怕是四处漂流，或是直言不讳地告诉他我真实的想法，而不是让他胡乱猜测，徒增悲伤。

当然，我们现在的关系非常好，像姐弟一样。儿子17岁那年还专门为我写过一首诗《永不分手的"情人"》：

我们是永远不会分手的情侣
我们天生在一起
我们用血缘系着对方
我们用心灵互相慰藉
我们住在同一间屋子
我们用犀利的语言大吵大闹
我们用时间打破僵局
别问我是谁
我只是一个男人
别问她是谁
她只是一个女人
我们的爱天长地久
清澈却不见底
别问了，别问我们是谁
我们只是一对母子

当时我很坚持让儿子的父亲照顾他一年。虽然我没有兄弟姐妹，可有很多朋友，但我觉得毕竟他有父亲在，为什么要寄养到别人家呢？可是他父亲一直没有表态，我就提出，每个月给儿子寄500元生活费，这个数额超出了当时我做教研员一个月的工资。就是这样一笔工资，其实当时我已经拿不到了。

要去广东，必须先办理停薪留职的手续，工作由所里的人分担，工资自

2010年，张云鹰和儿子在莎士比亚故居门前

然得留下来。因此，这500元钱是需要我想办法去挣的。

当时我们还约定，除了这500元，所有的生活费用，包括衣服、学习用品甚至零食等，都由我买好寄回去。

就这样，儿子在他父亲身边待了一年，好在他父亲朋友多，对我儿子都挺照顾，还有我儿子当时在洪江市幸福路小学当副校长的干妈张西玲也常常过去看他，孩子那一年过得也不算太差。现在想想，有些抉择要付诸行动，不但需要意志力的支撑，还需要极大的勇气。

岁月流逝，孩子的父亲已去世整整十年。回头再看，我那颠沛流离的一年，竟也是儿子和他父亲此生相处的最后的美好时光。1997年我把儿子接到深圳后，就再也没有回去过。他父亲后来两度再婚，直至2008年因病去世，再没有和儿子朝夕相处过。

那一年，儿子千里迢迢从英国赶回老家，在他父亲弥留之际送他最后一程。

在这段婚姻里，我给他父亲的评价是：不是一个好儿子，不是一个好丈夫，不是一个好父亲，但是一个好朋友。他一生都是视哥们儿义气大于一切：

大年三十可以陪哥们儿看别人的父母，却不能守在自己父母身边尽孝；可以对别的女性照顾有加，却不会珍惜自己的妻子；可以善待再婚后的孩子，却忘了自己孩子的生日。

他去世后，葬礼场面很大，足以证明他生前的朋友对他的真情——不少人是政府要员和商界成功人士。他能得到这么多朋友的真心，也是我一直迷惑的地方。也许，人一生的价值会体现在不同的方面，怎么活是每个人自己的事情。用自己喜欢的方式度过一生，才是最好的。

就如他评价我：工作第一，儿子第二，父母第三，自己第四，其他靠边。

启帆南下　得宝而安

伴随着对孩子的愧疚与思念，人生新的一页，为我缓缓翻开。

以我现在的状况来说，很多人会认为我来广东是早就规划好的——"孔雀东南飞"是当时很多湖南人乃至很多国人的时代选择。其实，我只是觉得离婚后的人生有遗憾，但不是过错，更不是悲哀。我是为了保护自己的精神空间，所以需要重新选择属于自己的世界。

我后来真的调走后，怀化市进修学校校长吴玉芝无比感慨："张云鹰离开湖南，是我们怀化教育界的损失，尤其是怀化小学语文界的损失。"

离开是需要勇气的，未来是不可预测的。况且任何事物都有两面性：有无相生，难易相成，长短相形，高下相倾。我也见过一些认识的人去了南方，最终是乘兴而去，败兴而回。

我当时有"壮士一去兮不复还"的想法：我从朋友处了解到，广东当时有47所民办学校，其中不少都是很高端的——按当时的说法就是"贵族学校"，最坏的打算也不过是每年待一所学校，在这些学校都工作一年，我的人生也走到头了。

我没有想过进入体制内的学校。离开体制有些遗憾，可我觉得没有遗憾的人生也许才是最遗憾的。

现在回头看,那个时候我是作好了足够的心理准备的,潜意识里也有誓不回头的志气。我相信这是开创者的胆魄,也是成功者的特质。当然,我有这样的勇气,也来源于专业自信——无论干哪一行,练好专业本领,提升专业水平,才有选择的主动权。

以我在湖南取得的一些成绩,我毫不担忧日后的生计问题,甚至,我还是有"野心"的——办一所女子学校的愿望,在广东这个地方可以实现!人一旦有执著的梦想,是不会畏惧什么,也不用畏惧什么的。

1996年1月,我坐着火车到了广州,朋友王春丽(广州市第三中学美术教师)来接站,她要了我一份个人简历,她希望我就在广州找一所学校。可是我打算先到珠海看看,于是,几乎没有停留就转乘汽车直奔珠海华夏学校。

一路上,无暇顾及窗外的风景,一心想着那是一所什么样的学校,也许是心里着急,感觉从广州到珠海竟然这么远。通过边检站,终于到了。没想到珠海如此洁净、别致,尤其是它的海域之美,让我心旷神怡。

当珠海华夏学校出现在眼前的时候,我被深深震撼了:学校占地22万平方米,坐落在珠海香洲区北部青山环抱的唐家湾畔。唐家湾东临珠江口,

身穿华夏学校校服,成为国际学校教师

与香港大屿隔海相望。

学校属欧式建筑风格，八幢教学楼、四幢宿舍楼以回廊相接，气势非凡。1994年正是广东省私立贵族学校蜂拥而起的时候，这所学校由戴俊明以华夏投资有限公司的名义兴建，向每位学生收取24万的教育储备金，承诺在学生离校时原数退回。当时就读的学生约1000人。

走进校园，让我尤感新奇的是，男教师个个穿着校服，笔直、整洁的西装，裤子上系有肩带，浓浓的民国风；女教师则穿着颜色高贵、漂亮得体的套裙，整个人看上去精气神十足。这正是我喜欢的。总而言之，学校给我留下的第一印象特别好。

在学校的展厅里，我看到很多全国著名教师的照片贴在墙上，如之前提到的1989年全国首届语文教学大赛一等奖的获得者贺诚老师。我觉得这所学校是爱惜人才、尊重人才的，印象就更加好。让我深感欣慰的是，后来我的照片也挂在其中，很是醒目：全国小学语文优秀教研员、湖南省教学大赛一等奖获得者张云鹰。

学校人事部主管和我聊了聊，她看上去是江浙一带的人，长得很精致、很有气质。那天具体聊什么我已记不清了，大概是问我为什么以教研员的身份来应聘这里的普通教师之类的。因为接下来的事情让我非常难忘，也许是它挤走了我和人事部主管聊天的记忆——我所崇敬的贺诚老师，当时是学校的副校长，提出让我第二天就试讲。

作为民办学校，自然有一些商业化的因素，但在用人上，同样注重专业性。不管你从哪里来，之前是什么角色，专业水平是最应该考察也是最需要考察的。贺诚老师深知这一点，他给我指定的课文是六年级的《凡卡》。在当时整个小学六年级的语文课本中，《凡卡》是最长的一篇课文，也是教学难度很大的一篇。

我这次来，原本是想先"侦查侦查"情况的，没想到会立即让我试讲。贺诚老师递给我课本，说："准备一下，明天上。"

当天晚上，我住进教师宿舍，开始备课。一个课时的内容，我采用长文短教的方式，主要是抓住课文的细节描写，比如动作细节、人物细节、对话细节、环境细节等来教，并引导学生学习细节描写的方法。这篇课文，我曾经在乡村支教时上过，感觉效果不错。

第二天，贺诚老师和小学部的所有语文教师都来听课了。当我讲完课，他们就问我什么时候可以来。我说春节过后，因为湖南方面的事情还没办妥，停薪留职等手续需层层批准。全国优秀教师史秀荣是从河南安阳小学过来的，她希望我不要食言，"早点过来啊"。后来，我们成了无话不说、心灵相通的好闺蜜。

说心里话，这所学校很合我意。待遇高，月工资3600元，如果担任班主任，还有额外补贴。生活条件好，吃、住都不错，每个教师的宿舍都有空调——那个时候觉得有空调挺新奇的。

但当我正式成为华夏学校的一员后，我潜意识中就觉得我应该不会待太长时间。

南下广东，婚姻带来的一些困惑是原因之一，但最主要的还是我有自己的教育理想——办一所符合自己理念的学校。也许有人觉得，从湖南怀化那样的环境，到唐家湾这样美的地方，待遇又提高不少，应该很知足。当年很多从小城市来的老师，也都是因为这样的满足感而止步不前的。但有梦想的人，有执著梦想的人，是不甘于此的。

珠海是一座"慢城"，难道我一辈子要待在这里？白天上课，晚上在学校旁边的高尔夫球场或珍珠乐园散步？在我的判断里，这里很美，很宁静，适合人居，更适合养老，但不适合创业，而我走出来不是来享受美景的，是要干自己的事业的。

事实证明，我的判断是准确的。后来，贺诚老师应聘去了澳门，一直在澳门一所中学当校长。

临近暑假，我计划另寻出路时，耳闻教育界赫赫有名的霍懋征校长到深圳办学了。还在湖南怀化做教研员时，我曾到过北京第二实验小学听过霍懋征校长的课，和她有过一面之缘，我就斗胆打电话给她。她是被深圳市宝安区华茂实验学校董事长王庆茂三顾茅庐从北京请过来当校长的。

欣喜的是，她居然还记得我，而且建议我离开珠海去深圳，甚至在第二天就派陈重副校长开着专车到珠海来接我。陈重副校长说，学校给我的月薪是4200元，霍校长还希望我管理小学部的教学，说是一个地级市的教研员不用真是浪费了。

于是，在珠海待了短短的一个学期后，我来到了深圳。

1996年暑假，华茂实验学校首次招生，我成了这所学校的第一批教师。学校在《深圳特区报》《深圳商报》等媒体刊登大幅广告作招生宣传，我也成了学校招生的"名人"——霍懋征校长自然扛起了学校发展的大旗。我们带着登有学校招生广告的报纸"走村串户"四处招生。按当时的规定，每位学生入学时交16万的教育储备金，离开时如数退还。

但是事情发生了很大的变化。原以为到这里可以跟着霍懋征老师，一来继续学习她的语文教学的宝贵经验；二来学习她的学校管理之道——霍懋征老师是新中国成立后三任国家总理接见过的德高望重的教育界泰斗级人物。不成想，由于一些分歧和不适，还没在这所学校过第一个教师节，霍懋征老师就领着她同来的近20位幼儿园、中小学的管理人员和教师回北京了，留下不小的遗憾。

这件事情也引发了我的思考：在民办教育中，一个教育家的教育理念，如何与一个企业家的商业理念有机整合并相得益彰，使自身的独特优势得以最大化？我一直有办学的理想，如果我去办一所民办学校，应该如何发展？应该如何既保证教育品质又保证有足够的经费以维持正常运作？

华茂实验学校董事长王庆茂是有做好教育之理想的，他曾担任原冶金部直属的一个地级市矿山的党委副书记，后来辞职下海，来到深圳经商并投资办学，若无理想的支撑，断不会有此举措。

在民办教育方面，王庆茂可以说取得了很大的成就，获得过由中央教科所与光明日报社联合评选的"全国民办教育十大杰出人物"称号。"当时，有人身价10亿就成为深圳首富了，而那时王庆茂的身价至少是20亿。"有记者曾这样说。可悲的是，我经历过的两所当时投资都上亿的私立民办贵族学校，后来都轰然"倒塌"。

珠海华夏学校因董事长戴俊明挪用教育储备基金投资房地产失败，终于难以支撑下去，于2000年关闭。现珠海市政府拍得华夏学校资产并委托北京师范大学进行管理，"华夏"变身北京师范大学珠海附中。

王庆茂这个具有传奇色彩的人物，也因在资金运作上犯下错误，致使已发展到有近4000名学生的华茂实验学校陷入停摆。这所占地面积15.2万平方米的学校，后被政府收购，现已成为深圳光明区高级中学。

时代给人提供机遇的同时，也提出了挑战。只有善于把握机会又懂得审时度势的人，才能在时代的浪潮中走得更远。这是我在回顾辉煌一时的两所学校的发展之路时，发自内心的感受。

但不管怎样，这两所学校带给我的人生经历是难以忘怀的，也是在体制内的学校无法体验与感受的。这是一笔重要的财富。

华茂实验学校开办初期，因学生少，我教着跨头两个班的语文，一个是六年级毕业班，一个是四年级。六年级只有一个班就无法横向比较，四年级三个班，我的教学成绩是遥遥领先、稳居第一的。

张云鹰（右）与同事在华茂实验学校门前

期间，发生了一些可能改变我人生的事。1997年4月的一天，当时宝安区沙井镇中心小学的张畅鸣校长打电话到学校找我。我很纳闷，为何找我？原来是她在湖南教育学院的同学极力推荐了我，说是我的教学如何了得云云。她这次打电话是希望我到他们学校给老师们上一堂示范课并作教学讲座。

因华茂实验学校已邀请过宝安区的语文教研员廖笑新等老师来听过我的课，他们都给予了我很高的评价、很大的鼓励。因此，这次张畅鸣校长约我，我就欣然答应了。

一个星期五的中午，他们学校的司机来接我。这是我第一次走进沙井镇。一堂经典课文《在仙台》的课，拉开了我在沙井三年的教育人生的序幕。

我是有意选择上这一课的。课文节选自鲁迅先生的作品《藤野先生》。因为是节选，隐去了原作"我"在东京和"我"离开仙台后这两个部分，只保留了"我"在仙台这部分，作者思想感情的变化，很多老师都觉得难以把握，学生也难以体会。所以，我紧紧扣住"物以稀为贵"的开篇"文眼"，层层展开，引导学生深入理解并学习选择典型事例突出人物品质的写法，教学获得极大成功。

让我意外的是，张畅鸣校长还请来了当时沙井镇（现改为沙井街道）主管教育、财政的陈贤彪副镇长（现为深圳龙华新区政协副主席）亲临课堂。陈副镇长自始至终，前后两个多小时，听我上完《在仙台》，还听了我的专题报告"转变教学思想，提高教学质量"。活动结束后，他把我留下来，第一句话，我至今都还记得清清楚楚："我没想到小学的课能这样上，能上得如此精彩！"

事后我才知道，陈副镇长是沙井镇原住民，也是沙井镇当年为数不多的考上大学的佼佼者，他从深圳大学毕业后在宝安区组织部工作，刚调来沙井不久。

陈副镇长当即就决定将我留在沙井。我感激地说："能不能暑假以后再过来？我在华茂实验学校还带着毕业班，总得等学生毕业了再说。"我又说："其实，到今年暑假，我在原单位停薪留职的时间就到了，还不知能不能续签。"

陈镇长毫不犹豫地说："不必续签了，我们调你过来。如果今年沙井只能增加一个教师编制，那也是你的了。"如此盛情，让我有点受宠若惊。张畅鸣校长补充道："听陈镇长的，没有错。你回华茂实验学校就准备辞职吧。如果你不先过来，怎么办调动呢？"

我就以回老家为借口悄悄地甚至是偷偷地在当年五一期间走进了深圳市宝安区沙井镇政府的大门，继续从事我的语文教研员工作，兼做《沙井教育》的编辑工作。

记得决定离开华茂实验学校的时候，王庆茂董事长亲自找我，诚恳地挽留我，并提出将我的户口转入他在蛇口的公司名下。我以原单位催促我回去否则开除公职为由，婉言谢绝了他的好意。他甚至劝我不要公职了，还说如果不想继续教书，就到他的公司任职。现在想来，当年深圳的发展空间是很大的，个人潜力可以充分地发挥出来。只是，我的教育执念依然强烈，并不为此动心。

我沿着教育之路继续前行，哪怕是看不见前路，也要摸索爬行向前。

来到沙井后，我越来越觉得陈副镇长对教育的痴情与执念并不亚于我们教育人，也许，他还想着要为家乡父老做一件千秋伟业之事。我斗胆向他推荐了在珠海华夏学校的志同道合之人，并建议在沙井办一所女子书院，可以像当年的南京金陵女子学院那样，培养一批批杰出女性。

陈副镇长表示十分支持，可是，眼下缺乏专项资金，"必须找投资商"。很快，他联系到了一位在香港投资实业的老板，也是沙井本地人。这位老板对开办女校也很感兴趣，还跟我们一起，专程去了广州的玛莎女子书院细细考察了一番。我以为自己的痴念终于找到了实现的契机，那种兴奋和热情溢于言表。我幻想着成为像向警予一样的校长或院长。

我们先到深圳市教育局，而后到广东省教育厅汇报申请此事，咨询审批程序及具体要求。在这个过程中，不停地调整方案。镇里给我们安排了一个临时的筹建办公室，便于研究各种事项，不久就批了一块风水宝地。那时鼓励民间投资办学，政府无偿提供教育用地。

结果却出人意料。等到真正要那位老板拿钱的时候，他犹豫了，最后放弃了。

有时候回想，有痴念的人常常也是很"傻"的。也许在我们跑前跑后的过程中，那位老板已经流露出不愿意投资的意思了，只是我们一心想着怎么把事情做成，没有注意到而已。当然，人家有人家的道理。结果不如意而已，没有谁对谁错。

这么多年过去了，我对此事一直没有释怀，总觉得人生最好的设计成了美梦一场，真的非常遗憾。有时也傻傻地想：假如当年成功了，经济效益不说，这所学校是否已成了深圳乃至全国令人瞩目的名校，成了万千少女向往的儒雅学堂？好在时光不老，实现这个梦想的路，还在前方。

初到沙井　锐意改革

深圳市宝安区沙井镇素有"蚝乡"之称，后来我参与编写《神奇的宝安》一书时，沙井一章我就是以"沙井蚝香飘四海"为题写的。那里入海河道多沙，掘井时沙子特别多，故取地名为"沙井"。沙井也是侨乡，有6万多人分布在世界20多个国家和地区。

我到了沙井后，经求贤若渴的陈副镇长的积极推荐，参加了深圳市的招调考试。

那是一个台风天。前一天晚上我就驱车到市区福田考点附近住下。上午，考哲学、经济学、邓小平理论等综合学科；下午，考教育学和心理学。凭着平日的积累与思考，我顺利过关。为了保险起见，我还参加了当年深圳市罗湖区面向全国的优秀教师招聘考试，后来还被通知录用并安排到水库小学。

就在我左右为难的时候，张畅鸣校长真情挽留，并对我说："沙井镇政府拨款租下沙井教师村的一套三居室无偿给你住，水电费、电话费等都不用你负担，还给你配了BB机……"

尤其让我感动的是，陈副镇长担心我听不懂粤语，要求大家今后在开会时一定要讲普通话。如此一来，我放弃了在罗湖中心区工作的机会，决心立足深圳西部，在沙井大干一番。

一个人一辈子，能碰到欣赏你、重用你的人，是幸运

1997 年，深圳工作第一站，在宝安区沙井政府大楼门前

的、幸福的。

拿着深圳的商调函回湖南怀化办理调动手续也是不易的。当地政府为了控制人才外流，一是不轻易再办理停薪留职手续；二是凡是调走的人必须按学历高低交钱，中专 3000 元，大专 4000 元，本科 6000 元。

我 1994 年 8 月获得了华中师范大学政教系本科文凭，需要交 6000 元才能办理相关手续。既然已铁定要走，金钱能解决的事情，就不是什么大事。于是我提出，把当初买的集资房抵扣"罚金"，还绰绰有余。好在当时主管人事的教委领导陈捷回书记念及我孤儿寡母也不易，开了"绿灯"，免除了这笔费用。若干年后他来深圳出差，我向他表达了感恩之情。

在办理手续的过程中，我的搭档也是好朋友喻恩芳老师告诉我："云鹰，你知道吗，1992 年时，我们省教委职业技术教育处处长蒋作斌要调你去，你不愿意，还说要坚持教学坚持研究。现在他已是副厅长了（原省教委改为省教育厅），你不如就去省教育厅好了，不要去什么沙井了。"

这个消息着实让我在惊讶中有些激动。那年全国"科教兴农"现场会在怀化召开，地区教委让我负责整个接待与解说工作，我提前组织、选拔、训练了一批从各学校抽调上来的年轻教师，较圆满地完成了这一任务，结果省教委的领导十分满意，尤其是具体负责的蒋作斌处长对我赞赏有加，并征求我的意见说要调我去省教委职业技术教育处，但我婉拒了，因为我更迷恋教学研究。

2000 年，蒋作斌副厅长真的成了湖南省教育厅厅长。如果当年我有心要去，起码在职务升迁方面，应该是有不少机会的，应该发展得不错。多年后，一些老同事还为我惋惜。"如果"只是"如果"，人生的现实永远是"然而"——然而我还是选择了教育一线，选择了深圳。

1997 年 8 月，我正式调入深圳宝安区沙井镇，干起了老本行——小学语文教研员的工作。

那年儿子恰好十岁，在父亲身边待了一年后，自己一个人坐着大巴从湖南怀化千里迢迢来到深圳这个陌生的城市，来到沙井这个陌生的地方。后来他告诉我，他一路上都非常害怕，中途不敢下车，生怕别人把他卖了。

听儿子说这些，我一阵阵心痛。当时我初来乍到，一切都从头开始，有太多的事情要做，根本没时间回老家接他。还好儿子一路平安，否则要真的被人拐骗走，对我来说简直是灭顶之灾！在对待儿子方面，和别的母亲比，我确实缺少那种细致入微的关怀。

在繁重的工作之下，儿子一直被我"放养"在外。到深圳沙井的第二年，为了全心全意地工作，我将儿子寄托在南山区的一个朋友家，安排他就读于南山区小学。每周末他都是自己坐车往返。初中三年，儿子都寄宿在学校。我对儿子的这种安排，一方面是为了给自己腾出更多的时间干自己的事；另一方面是为了从小培养他自信、独立的品格。直到他 18 岁到英国念书，我都践行着这种开放的自由生长的教育理念。

我一直认为，没有哪个园丁是守着花开放的，自然而美丽的花都是自由绽放的。

到沙井的最初一个月，我几乎走遍了所有的学校，听课，评课，做教学调研。这样实地考察的结果让我十分震惊，我向陈副镇长汇报："这里的课堂教学，很多还停留在 1980 年代初期的水平。"他问我怎么办。我提出四个建议：一是加强教师专业培训；二是制定沙井镇奖教奖学方案；三是编写沙井镇乡土教材；四是最重要的一点——提高校长的管理水平。

此前，沙井镇乃至整个宝安区根本没有教师专业培训这样的工作。记得当时整个宝安最流行的就是打保龄球、扑克牌，并且奖品非常丰厚。我们教育办或教研室经常组织这类活动。

我印象深刻的一件事就是举行"沙井镇教师扑克牌比赛",一等奖是彩电,二等奖是冰箱,三等奖是洗衣机,其余纪念奖是电话机、吹风机等。

　　一开始我以为是忽悠大家的,我不敢相信,怎么可能有这样贵的奖品?

　　待我进入决赛了,看见彩电、冰箱、洗衣机等就放在眼前,我才不得不相信这是事实。要知道,我在湖南时参加过类似的比赛,我和一个中学物理教研员搭档,曾获得扑克牌比赛一等奖,奖金是10元钱。

　　看着这些奖品在眼前晃动,也许是因为思绪飘飞、心猿意马,我最后输了。不过,还是得了一个吹风机的奖品。

　　这件事情让我觉得非常不可思议,也有点难以接受:这么贵的奖品,就是奖励打扑克打得好?

　　当教师很辛苦,业余娱乐无可厚非,但是这样奖励,本末倒置。高级别的奖励,应该和教师高水平的业务挂钩,而不是和打扑克或者打保龄球的水平挂钩。

　　陈副镇长非常认可我的想法,并大胆补充了一条:为加强沙井镇的青少年教育,增加一项奖学制度,即按照各村考上中专、大学的学生数进行奖励,鼓励村与村之间进行良性竞争,同时采取措施杜绝在校学生和毕业后的学生参与"黄赌毒"活动。

　　我和陈副镇长谈得非常投机,在他眼里,我是真正的专业人才。毕竟,我在地区教科所历练过。因此,到沙井教研室的第二年,我就被提拔为教研室副主任,主任已接近退休年龄,所以,我实际上一直主管着整个教研室的工作。

　　我到沙井镇的第一个学年末,宝安区教研室计划组织城区学校及各镇三年级学生参加语文测试。我挨个学校进行指导,并在当时较差的一所村小——上星小学(后来撤并)上了公开课并作了期末总复习的专题讲座,全镇三年级的语文教师都来听课。出乎意料的是,沙井镇的三年级学生居然拿到了宝安区学期末考试成绩平均分的第一名。这在当地很是震撼,在沙井更是没有先例。

　　凭着拼命三郎的干劲,依据沙井镇奖教奖学方案,我得到了7000元的奖励,买了第一台电脑。更重要的是,我制定的这个奖教奖学方案慢慢地激发了大家教学、教研的积极性。

有一次，我在沙井中心小学面向全体语文教师上了公开课《草原》，赢得了时任深圳市小学语文教研员萧桂雄老师的肯定，也感谢他提出了十分宝贵的意见：沙井的学生不如市区的，学习基础不是很好，在教学设计的时候要注意学情，适当降低标准。

平常，我还利用周末时间给学生上课，辅导学生作文，激发学生的写作兴趣，提高学生的写作水平。渐渐地，我改变了这个地方的语文教学的面貌。

在其位，谋其政。我在沙井镇教研室创下了人人皆知的几个"第一"：一是编写了沙井镇第一本地方教材；二是制定了沙井镇第一个教师奖教奖学方案；三是出台了第一个"沙井镇教师三年培训计划"并组织实施，其间顾明远教授、冯增俊教授、张彦玲所长等知名专家学者都被我请到沙井；四是组建了第一个"沙井镇教师艺术团"，聘请了专职团长，我还自己写词并请人谱曲，创作了沙井第一首"镇歌"；五是——也是最重要的"第一"——根据实际情况，第一次提出了"重组教育资源"的构想，推动沙井镇的教育改革。

那个时候，沙井有很多办学规模比较小的学校，教育的投入和管理的成本都很高，办学效益却很差，尤其是有一些村小的校长，学历低，年纪大，思想固化……

怎么重组呢？我提出方案，把原来的民主小学等5所"麻雀小学"合并到沙井中心小学，并将合并后的学校迁到当时的沙井成人职业学校所在地——现在的荣根学校，它创办于1983年，是香港爱国人士陈荣根先生捐资兴建后无偿献给国家的公办学校——而将沙井成人职

张云鹰（左）和原沙井中心小学张畅鸣校长结下深厚友谊

业学校迁往当时的沙井中心小学所在地。

重组后的学校即荣根学校就由原沙井中心小学和其他5所村办小学组成，校长由当时的沙井镇政府教育办主任麦淦祥兼任，原中心小学的张畅鸣校长任学校常务副校长，原几所村小的校长有的担任副校长，有的调往其他小学，有的提前退休。

就这样，一所崭新的学校在沙井诞生了！

我来到这里所做的一切，大家有目共睹，陈副镇长对我很是赏识，曾征求我的意见，问我愿不愿意去当校长。但我觉得还是继续搞教研，抓教师培训较好。这是我的专长，也是我喜欢做的。在婉辞陈副镇长的同时，我举荐了其他校长人选。

2003年暑假，当陈副镇长（此时他已经是宝安区城管部门的书记）得知我要竞聘宝安区西乡镇中心小学校长时，还在电话里开玩笑说："那时候叫你去当你不去，现在你跟人家争着去。"我微微一笑："此一时非彼一时也。"

当然，当年我婉拒校长一职，还有一个原因：沙井毕竟远离深圳市区，平台太小，能发挥的空间有限，我确实没打算长期待在那里。

在沙井的三年时间里，我为这里的教育作了一些贡献，也得到了很多——尤其是得到了当时深圳市教科所张彦玲所长的认同，她特意向我透露了一个消息：深圳准备成立教育科学研究院，需要一些实践研究型人才，到时候我可以去她那里应聘。谁知这一说法变成事实，已经是十年后也就是2008年的事了。这一年，深圳市教育科学研究院才正式成立，张所长已经退休，我也已经做了校长，终于没有实现到教科院工作的梦想。

因为教育资源重组的成功，我的论文获得了广东省1998年吴汉良教育管理论文评选的二等奖，还得到了3000元的奖励，沙井镇政府又奖励我3000元。获奖那天，陈副镇长带着我和教育办有关同仁一起前往广州领奖。作为一种鼓励，他安排我们住进了著名的广州白云宾馆。

时间回到1988年，我曾经随同警予学校的老师们到广州听课，顺便参观了这个毗邻广州丽柏广场、世贸中心的宾馆。记得当时有老师说："宾馆里面的洗手间好香啊！"惹得不上卫生间的人都纷纷进去感受一番。十年后，真没想到我住进了这家宾馆，感受它的美好。

世事难料，一切皆有可能。

培训导师　创新业绩

斗转星移，时间推进到 2000 年，宝安区教育局主管部门给了我新的机会：到成立于 1998 年的深圳市宝安区教育科学研究培训中心工作。

本来，有关领导安排我继续做小学语文教研员，原小学语文教研员调到家庭教育部。但是教育局局长刚到任不久，要对整个教研员队伍进行调整，另外调来了一个高三把关教师担任高中语文教研员，原来的高中语文教研员放到初中部，原初中语文教研员调整到小学部。

领导们对我的能力还是相当认可的，即使没有了教研员的位置也希望我不要"落空"，就征求我的意见："你在沙井是教研室负责人，现在小学语文教研员没有位置了。中心有个培训部，前身就是教师进修学校，但没有职务，专职做教师培训如何？"把我放在培训中心，专门做教师培训？我不假思索地就答应了。我是着实看重专业的，况且深感当时培训比教研更迫切，只有通过培训提高教师的专业水平，才能更有效地开展教学研究。我很快适应并爱上了这份专职培训工作。

既然是专职培训，从我的专业角度讲，首先就是抓好语文教师的培训工作。当时全区 10 个乡镇，上千名小学语文教师，我想着应该先设计好培训内容，再考虑请谁来培训，当然更多的是自己上阵。我把培训课程做成"菜单",发给各乡镇的小学语文教研员,由他们根据实际需要进行选择。

在深圳宝安区教育科学研究培训中心开始新的起航

记得几乎每个乡镇都选择了"普通话朗读教学"这个项目。20年前的广东,教师能用普通话教学、能用好普通话进行教学,是难能可贵的。我请了当时的深圳市教研员熊开明老师来作理论指导,更重要的是,我亲自进行现场检测——每个人现场抽签,朗读课文内容,接受现场打分。经过这样理论与实践相结合的培训,老师们热情很高,学习效果也很好。

宝安区是整个深圳市人口最多、"战线"最长的区,教师的人数也是最多的,整个队伍的整体素质与教育现代化的进程不相适应,主要体现在专业化程度不高,教育观念、知识结构、教学方法都不太适应素质教育的要求,队伍结构性矛盾突出,学段分布与学科结构不太合理,区域性结构失衡,教师资源配置亟待优化。同时,镇与镇之间参差不齐,像当年光明农场一带的教师多为民办教师转正或农场工人转行过来的,尽管学习态度很好,但教学专业水平与现实需求相差甚远。还有一个问题是,不少乡镇地处偏僻,当时交通也不便利,如果教师都到城区参加培训,一个来回就疲惫不堪。

所以,我采取化整为零的方法,以镇为单位,自己"流动"起来,一个乡镇一个乡镇地推进。每个周末,我穿梭在福永、石岩、松岗、观澜和龙华等地。当时的宝安区教育科学研究培训中心王熙远主任利用周末时间到教师培训现场看望我并慰问大家，让我十分感念。

西乡镇是靠近城区最近的乡镇，我就跟教研室王德操主任商量，办一个骨干教师班，希望能培养一批先成长起来的优秀教师。这个想法得到了西乡镇语文教研员罗雪萍老师的大力支持。一个40人的小学语文骨干教师班应运而生。我请来了深圳大学的李臣教授等为学员们授课。也就是在那个时候，我自己设计主讲的"小学阅读教学课型研究""怎样听课评课""语文创新性教学"等课程日趋成熟，这为我日后开展"开放式语文教学"的系列研究与实践打下了良好的基础。

培训部当然不仅仅做语文教师培训和学科培训。作为唯一的一个学科专职培训教师，我和本部门以及相关部门的同事密切配合，承担了很多与大学合作的学历培训、通识培训，还有当时要求人人过关拿证的电脑技术培训。

培训部人不多，分工明确，像个小家庭，工作起来真的开心、愉悦。后来有一次，有关领导找我谈话，让我到教研室："你本来就是做教研员的嘛。"只是，不仅我的主管领导毕国军博士不同意，更重要的是，我自己也没有那个考虑。为什么？通过做培训工作，我知道教师更需要什么，那就是专业水平的不断提高。教师的教学能力提高了，才可能有问题意识，才可能有发现问题、研究问题的能力。片面地强调教研，一味地抓教研，如果教师找不到研究方向，不知道研究什么，那反而会影响教学本身。教研能力、科研能力是很多教师专业发展的瓶颈，如何突破，是我一直在思考的问题，如今当了"培训师"，好像豁然开朗了。

记得我还负责"宝安区小学教导主任培训班"的工作。50位学员，集中在宝安区的一个实践基地，同吃同住同学习。

在学校，我没有当过教导主任，最大的职务是"语文科组长"，小小的团队，搞得还不错。多年后，警予学校的杨昌鸿老师还记得我要求他上公开课的情景。我说："您是老教师了，又是小学高级教师，如果不能上公开课，就把职称让出来吧。"由此，我得了一个"小辣椒"的外号。

如今做教导主任培训班的班主任，正好可以跟学员们一起听课、学习，冥冥之中，好像就是为日后竞争校长作铺垫。

培训部不仅仅要承担区内举行的培训活动的任务，有时也把校长们组织起来，"走出去"接受高质量的再学习。

虽为专职培训师，但我念念不忘自己首先是一个教学研究者。2002 年，正值国家新一轮课程改革拉开序幕，在这个背景下，我的教育梦——构建开放而有活力的语文课程变得更加强烈。我开始思考、研究小学语文活动课的设计，目的在于促进学生听、说、读、写各方面能力的协同发展，提高语文综合能力。我设计的第一个活动课是"我上学了"，由一位年轻的女教师执教。

开学第一天，新入学的小学生没有坐在教室里上课，而是跟着老师一起参观校园。老师带着孩子们一边走，一边向他们介绍校园的建筑、操场和花草树木，教孩子们认识教学楼、图书馆、阅览室等门牌。孩子们叽叽喳喳，问这问那，老师微笑着一一解答。回到教室，老师问孩子们看到些什么，有什么新鲜的感觉。孩子们兴高采烈，纷纷抢着回答。接着，老师又播放了一段学校环境的录像，让孩子们回顾一下刚刚看到的校园，再说一说其中一些事物的名称。一堂课下来，每个孩子都留下了美好的校园印象，也学到了许多新的语言和知识。第一堂语文课，孩子们学得开心极了。

这样别开生面的语文课，远远出乎执教老师的意料，这位年轻的女教师真是喜出望外。初战告捷，我自然激动不已。

接下来的活动课更加有趣——"拼音游乐宫""比尾巴""小朋友来对歌""学当小老师""传话游戏""说个谜语请你猜""夸夸自己的名字"……每一堂课都让孩子们充满期待。每周一次的语文活动课成了孩子们的最爱，他们每天都盼着上语文活动课。

活泼的教学形式，丰富的教学内容，也吸引了越来越多的年轻教师，他们纷纷提出要跟着我研究语文活动课，甚至主动要求上语文活动课。龙慧、张艳两位老师就是很好的典型，如今她们都成了主管教学的副校长，成绩斐然。我设计的活动课教案，被很多学校的老师传阅、学习、借鉴。

整整一年多的时间，我逐步完成了小学一年级到六年级的 84 个语文活动课的设计，每个年级 14 个，由浅入深，由易到难，循序渐进，如三年级就有"比比谁的荷花美""猜字谜""我是谁""学当小主播""词语接力赛""古诗快乐营""趣编童话""和大自然说悄悄话""为自己画像""普通话朗读""观察与描述""课文主人公大聚会""我的家乡小导游""和广告做朋友"等活动课。

我将它们分别归属于常规性语文活动课、实践性语文活动课、随机性语文活动课和发展性语文活动课等四个类型。在此基础上，我还总结了语文活动课所具有的自主性、实践性、趣味性、创造性和多样性五大特征，以及语文活动课的几种具有普遍性的教学模式。2003年，我所编著的《新小学语文活动课程设计》一书由中山大学出版社正式出版发行，这也意味着，一种开放式活动课程的雏形形成了。

我当校长以后，才提出开放式教育思想，形成了"开放式教学"这一理论与实践体系。由教育科学出版社出版的个人专著《开放式活动课程》一书就是在《新小学语文活动课程设计》这本书的基础上的提升与完善。所谓厚积而薄发，我想大概就是这个道理。一层层思考，一点点完善，一步步实践，才能一脉相承，日渐完整。

张云鹰编著的《新小学语文活动课程设计》

"三格"模式　自成体系

1960年代中期，我国对教师"量"的急需占首要地位；1980年代以来，教师专业化成了世界性的潮流；走到今天，教师的"量"的需求逐渐被"质"的需求替代。高素质的教师，不仅是有知识、有学问的人，还是有道德、有理想、有专业追求的人；不仅是高起点的人，而且是懂得终身学习、善于自我更新的人；不仅是学科的专家，而且是教育的专家，具有像医生、律师一样的专业不可替代性。

教师继续教育工作是一项系统工程。任何一项复杂劳动的系统结构，都有一定的层次。系统内部运动能否有效或效率的高低，在很大程度上取决于能否科学地划分层次。随着在教育思考、教育实践上的渐成体系，我在教师培训工作上，努力推动"三个转变"，即专才向通才的转变，教学向教育的转变，传授向学习的转变，慢慢形成了自己的一套策略和特有的模式：瞄准契机，搭建新型人才的"三格层次"；探准脉搏，铺设新型人才的"三环道路"；找准定位，构架新型人才的"三维空间"。

我根据全区教师不同的学历、资历和驾驭教育教学的能力，把教师划分为"入格"培养层、"升格"培养层和"风格"培养层的"三格"层次，实行分层要求、分类培训，顺应和积极促进抢占人才高地的战略性转变，逐步构建具有宝安特色的充满生机与活力、开放而灵活的教师外引与内培的新体系。

新教师的"入格"培养——

加强对新教师的培养，提高教师整体素质是一项基础性工程。我们的目标是使合格的大专、本科毕业生缩短"磨合期"，尽快成为一位合格的教师。我的做法是：其一，引导新教师做好角色转换，让他们了解宝安经济和教育发展状况，加强教育法律法规、工作责任心和爱心教育；其二，抓好课堂教学常规，在怎样备课与上课、听课与评课、作业与辅导等方面进行专题讲座培训，以及面对面的跟踪指导；其三，建立师徒结对制度，要求每位新教师必须拜师学艺；其四，建立"新教师考核上岗转正"制度，要求新教师每学期交一份合格的教案、上一堂教学汇报课、写一份教学体会、设计一份活动方案、组织一次公开班队活动、写一份全面的工作总结，区教育科学研究培训中心培训部根据相关要求严格考核。

青年教师的"升格"培养——

青年教师是教师队伍的未来。加强青年教师的培养是教师队伍建设的重要内容。我的做法是：其一，为青年教师树立榜样，宣传宝安区先进教师的事迹和发挥宝安区一批"名师"的示范作用，引导青年教师不断进取；其二，根据青年教师的特点，开展各种教育教学活动，通过观摩、研讨、竞赛、考核、评比等形式，给青年教师以成功的机会；其三，创造条件，加大激励，凡邻近区、市组织的教学展示、观摩，或市、区举办的短期培训，要求学校尽量安排青年教师参加。

宝安区西乡镇海湾中学麦照洪老师就是青年教师"升格"培养中的典型代表。麦照洪是地地道道的宝安公明本地人，憨厚、朴实。1995年7月从华南师范大学体育系毕业，短短七年的时间，就取得了很好的成绩：培养了区级以上的冠军60多人，其中包括1999年北京国际马拉松女子五公里组冠军刘小玲；学生中达国家一级运动员标准的有2人、达国家二级运动员标准的有9人，另有12人23次打破10项市、区初中组田径纪录。

骨干教师的"风格"培养——

随着素质教育的逐步深化和"教育强区"建设目标的日益临近，宝安区必须尽快培养一批具有现代教育思想观念和一定教学风格的教师，由此带动教学工作的全面提升。我的做法是：首先，以科研为先导，组织骨干教师参加"教育科学研究方法"的专题培训，要求学员根据课题总体目标和自己在教学实践中碰到的问题，确定研究课题；其次，举办各种类型的学科骨干教师培训班，按需设置骨干班课程，积极探索适应成人培训的新模式。骨干教师通过科研攻关，创新能力不断提高，取得了一批教育科研的新成果，也逐步形成了自己独特的教学风格。

从深圳宝安高级中学高三数学教师、数学科组长、硕士研究生郭味纯的成长历程，可见一斑。1992年8月，郭味纯老师调入深圳宝安沙井中学，他一心扑在教学上，连续七年担任班主任兼数学科组长、高中副级长。他把如何改变沙井中学的教育现状作为自己的科研课题和职业使命，探索在基础差的学校大面积提高教学质量的途径。他积极参加"现代教育理论""教育科研方法"等专题培训，不断改进教学，实现了年年教学有成效的目标。他所教的学生中有4人的单科或总分位居全区第二名。这一突破性的好成绩，使沙井中学被深圳市教育局评定为高考进步最快的学校中排名第一的学校。2001年，他指导学生所写的论文《创设增大圈，辨形有依靠》发表在国家级杂志《数学通讯》上；同年12月，他的专著《初中数学解题训练艺术》由中国林业出版社出版，这不是一般的习题集，而是一本谈数学思想方法和思维艺术的书，一本真正能让读者受益的书。

教师的培养从全员培训到骨干教师培训，从夯实基础到专业化发展，必须铺设一条"外环"（教学基本功）、一条"中环"（教学策略）、一条"内环"（教学思想）的教师成长的"三环路"。我在教师继续教育的工作中，摒弃过去大部分教师终身"磨道式发展"的现象，努力建设"螺旋式上升"的教师发展通道。

历练"教学基本功"——

鼓励教师参与"上课、备课、说课、听课、评课"等常规培训，帮助教师提高教学基本功；通过学科教学观摩、"三字一话一化"现场比赛、教学课件展示、论文成果评选等活动，检验教师的教学基本功，满足教师的成就感，激活积极向上的竞争机制；通过表彰先进，奖励优秀学员，树立学习榜样，形成良好的培训氛围。实践证明，指导和激励是调动教师培训积极性的左膀右臂。

锤炼"教学策略"——

通过反复实践，我们摸索出一套有效地锤炼"教学策略"的培训模式，共计五种：一是信息传输模式：（1）理论讲座与经验介绍融为一体；（2）信息传递与自学讨论有机结合；（3）小型讲座配主动作业促进参与；（4）科研本位与送教上门相统一。二是观察借鉴模式：（1）示范—模仿—变通式；（2）观摩—评论—概括式；（3）录像播放—评点解析—归纳推行式；（4）参观考察—定向研讨—总结提高式。三是互动参与模式：（1）小组互动；（2）学习者参与内容开发和教学设计；（3）对话式主题研究；（4）质疑论辩。四是任务驱动模式：（1）完成问题研究或决策研究作业；（2）在一定主题下搜集信息；（3）课题的设计与研究；（4）完成示范性、观摩性、研究性的实践任务。五是行为研究模式：（1）研训一体型学习；（2）专题总结；（3）结合日常课程与教学个案的研究；（4）组织探索课、尝试课的观摩交流，在研究中行动，在行动中研究。

提炼"教学思想"——

不管是着眼于推动基础教育的发展，还是为了建设与一流城市相匹配的一流教育，都必须有一支高素质的一流教师队伍。而高素质的教师首先要具备先进的教育观念和教学思想。教育观念转变了，教师找到差距了，教师的继续教育工作也就有了明确的方向。

"教学思想"的提炼，是一个很好的切入点。时任宝安高级中学（现已改为宝安区第一外国语学校）副校长邱世和认为，一位优秀的教师不但需要扎实的教学基本功、艺术化的教学策略，更要具有完整的教育理论和教学思想。他博采众长，将教育理论与自己积累多年的教学实践经验融为一体，形成了一套知识网络构建、系统前后勾连的教学法——"化学三点教学法"，其核心思想是把教学的重心从教师的"教"转到学生的"学"上，帮助学生寻找规律，使学生自明方法、自晓变化，从而调动学生主动学习的兴趣和创造的热情，发展逻辑思维能力和解题能力。由此，他形成了自己独有的"以人为本、顺势而教"的教学思想，赢得了本领域专家的高度赞誉。他的课堂教学如行云流水，生动有趣，经常引来市内外的教学观摩者。他的教学效果突出，所带的11届高三毕业班化学科的成绩经常名列宝安第一、稳列深圳前茅。

深圳是一座年轻的城市，它吸引了五湖四海的寻梦者不约而同地聚集于此，每一个人都希望自己获得成功。站在培训者的角度，就是要为老师们创造走向成功、可持续发展的空间。

"学习"空间——

今天，人们面对的是一个多媒体的时代，报纸杂志、广播电视、网络媒体、移动通讯，令人目不暇接。但是，月上中天，清晖洒地，伴着案上明灯，沏上一壶茶，享受茶香、书香、墨香的温馨之夜的快感，是任何东西都替代不了的。因此，我设计"今天怎样当教师"系列专题讲座，引导教师进一步认识到，现代社会是一个学习化的社会，不学习就会被淘汰，提倡教书人多读书，保持自我学习、不断探索的欲望，追求书声、灯影的和谐，坚信书情书缘的魅力。总之，就是努力为教师尤其是新一代教师创造一个有助于可持续发展的"学习"空间。

"实践"空间——

教育的实践性是一个永恒不变的原则。宝安区要求青年教师走"学—教—研"相结合的专业发展道路，从被动型向主动型转变，从"要我做"向"我要做"转变，同时不断完善自己的知识结构，努力做"双师型"教师，既有丰富的理论知识，又有较高的科研水平。所有这些，都需要丰富的实践经验的支持。为此，就需要为青年教师创造各种可持续发展的"实践"空间。

"展示"空间——

我们通过层层推选选出骨干教师、学科带头人，通过评选宝安"十佳"青年教师、宝安"名师"等，形成教育人才梯队，搭建各种展示的舞台，组织他们承担各级、各项教学与科研活动，唤起青年教师热爱学校、拓展专业、献身教育的情感和意识。而这些优秀教师的代表，本身就是教育的最好展示。

实践证明，走可持续发展的道路，构建新型人才的"三维空间"，结果必然是教师对学校的感情与日俱增，服务宝安的热情与时俱增，它促进了个人价值的实现，从而形成了"我和宝安同发展"的生动局面。

所谓"三格"，其实是变化无穷的，每位教师都可以按照自己的成长过程来总结，每个人都可以用自己的教育人生去诠释。这才是开放思维下的"三格"，也才能真正关注到所有教师的成长。

这一套教师培训模式，我后来整理成文，发表在《中国教育报》上。它既是一个理论体系，同时又极具操作性；作为成果，它曾在全国教师培训工作研讨评审会上获得一等奖的第一名。这个"格"，目标清晰，定位准确，我当校长以后，又逐步赋予其越来越丰富的内涵，使它具有一定的哲学意义。

培训现场

"一路走过来，从普通教师到教研员，再到形成自己的教育思想和教师培养路径，你是怎么做到的？"很多人问过我这个问题。也有人觉得教师培训挺难做的，因为你面对的老师是各种各样的。而有的老师说："我也是教师，一直做着传道授业解惑的工作，现在你来对我指手画脚，你先做出来让我看看。"该如何直面这样的情况？

首先，你必须让他人发自内心地敬佩你，你要用自身过硬的专业技能，给他树立标杆，同时要帮他树立自信。人都是喜欢表现、喜欢表扬的，尤其是教师，真正懒惰无为的人毕竟是少数。有些人会说我不需要阅读，也不接受别人的培训，我自然地发展。这样的教师，需要给他们提供平台和空间。

其次，要培养学习者的心态。如果你没有先天禀赋，就需要依靠后天的学习提升自己，如果想靠后天的学习提升自己，就要带着诚意去跟随你的引领者。到不同的学校，跟不同的校长；到不同的单位，跟不同的领导，这个引领者所站的高度，会在三五年后影响你发展的速度和深度。

授课结友　行走四方

意想不到的是，我这三年短短的专职培训"小舞台"的经历却成就了我目前的业余培训"大课堂"的生活状态，也让我悟到不少人生真谛。

在中国体制内的校长和教师队伍中，有这样一小群人，每周一到周五，他们都在各自的一亩三分地里兢兢业业、辛辛苦苦地耕耘，但每逢周六周日，尤其是寒暑假，他们就拎着简易的行装，行走在大江南北，出现在大大小小的校长培养、教师培训的论坛大会或训练营里，传播着自己的教育思想，输送着自己的教学策略。他们中有八十高龄的老教授、老前辈，有60年代生人的教育中坚力量，更有改革开放时期成长起来的新生代优秀教育者……

幸运的是，我也是其中的一员。记得2008年7月14日，应中央教育科学研究所（现为中央教育科学研究院）培训中心之邀，我前往江苏省镇江市讲学。之前北京师范大学校长培训中心已定好让我7月15日上午在西安讲课，那么，我是放弃镇江之行呢，还是重新调整时间？如果重新调整时间的话，必然是马不停蹄地奔忙。我自言自语：镇江还是不去了，太辛苦太累了。不料，这话被暑假从英国留学回来的儿子听到了，他脱口而出："你不是要向孔子学习周游讲学吗？累是累点，但为了传播教育思想，感觉还是值得的。"

于是，我按镇江教育局的安排，13日晚先飞南京，谁知飞机晚点，14日凌晨才落地，到镇江已是凌晨近三点钟。八点半要开讲，匆匆洗漱，稍作休息，就精神抖擞地站在讲台中央。

我一直习惯于站着讲课，不管是几千人的培训，还是几十人的学习，都渴望与听众有眼神的交流，也借此观察学习者的状态，及时调整内容，抑或觉得站着讲课，能体现一种挺拔的姿态，找到一种踏实的感觉。

在镇江讲完课，我不敢有丝毫休憩之心，立马飞往西安。第二天上午论坛报告结束，飞回深圳。尽管步履如此匆忙，但内心的充实是不言而喻的，尤其是看到学员们如饥似渴的学习热情，一切的疲倦都荡然无存。

近20年来，这样的来回穿梭已数不胜数，尤其是周末外出讲课。无论如何，周一都要赶回深圳上班，途中惊险之体验，历历在目：有时因天气缘故，晚点4~5小时，一杯清茶，一本书，静候登机；有时因自己的本职工作难以脱身，已定好的往返机票临时取消，并紧急告知对方换人；有时突然被告知"救场"，原计划半天的课改成一天；有时因自己没有注意听到登机口更改，待反应过来，需以100米冲刺的速度，气喘吁吁地踏进机舱……期间，既遭狂风暴雨，又遇丽日蓝天。

那是2013年10月12日的一个周末，中原教育科学研究院请我在他们"卓越校长峰会"上主讲"开放式教育创新与实践"，时间安排在周六下午。那周星期五晚上我刚好有重要活动，周日湖南长沙又有同学好友来深圳相聚，我就计划周六一早出发，晚上回深圳，不带任何行李（即使短途出行，女性也比男性麻烦，总得带上一些化妆品之类的），就挎着个小包出发了。庆幸的是，一路顺利，赶上了当天下午的讲课（不少老师因飞机延误，当天的课因此被耽误），并在结束后登上了当天回深圳的航班。

在飞行中，我素有读书的习惯。每次外出，至少可以阅读一本随身携带的书，有些不值得珍藏的书，看完后就直接放在机舱座位靠背的布袋里了。因为读书，也会意外结识朋友。

有次在飞机上，我在阅读《华为的世界》，旁边一个年龄相仿、戴着眼镜的男士问我："你是做企业管理的吗？""不是，我是教师。""为什么读华为的书？想当年，我北大毕业，华为就想招我过去，年薪100万呢。但我还是选择了留校任教……"原来他是北京大学光华管理学院的教授，此后还光顾过我的学校。我也告诉他，我愿意了解企业文化，用企业精神治理学校。

这次也不例外，当我沉浸在书中，正高兴飞机安然落地时，突然得知，飞机返回郑州降落了，说是武汉电闪雷鸣，飞不过去了，只好返航。国航安排我们在机场酒店住下。

怎么办？我两手空空什么也没带，十分沮丧……好在同房的一个深圳企业高管，主动让我用她的护肤品等，才解了燃眉之急。

我合"裙"而睡，思潮起伏：看来什么事都要为自己留有余地，讲课如此，工作生活亦如此。所谓计划没有变化快，人算不如天算。从此，凡是外出讲课，尤其是周末，我一定要求是周六讲，周五下班后赶飞机，所以在深圳机场，偶尔会碰到应邀外出讲课的同道人。周六讲完课，晚上回，尤其是要求对方订"深圳航空"的往返机票，因为深圳航空的飞机会想尽办法返回"安歇"。如此安排，即使周六万一发生什么意外状况，周日还有回旋余地。否则，不能赶上周一的升旗仪式，纵使你有万般理由，也是无法交差的。因为不是所有人，都能理解我们这种行为方式。

曾有同行校长郑重其事地问我："你缺钱吗？为什么要这么辛苦？"是啊，我缺钱吗？在深圳，我拿正教授三级工资，年薪60万左右；儿子在国信证券总部研究所做分析师，养活自己的小家已足够。

吴立岗教授（吴征的父亲，杨澜的家公），他缺钱吗？他更不缺。但为什么，我们一起在北京、上海、重庆、青岛、南京、厦门等地行走？我想，是需要另一种生命的存在感，是自我价值的另一种表达方式，是自身教育教学思想的拓展与延伸的必须，更是一种乐在其中的"流动"的生命增值吧！

每次讲课结束，当同行校长希望加你的微信；当听课教师要求与你合影；当老师购买了你的书，并带到现场请你签名；一句"欢迎您到新疆来吃哈密瓜"，一声"欢迎您来昆明，我给您当向导""我也是湖南长沙的，欢迎您来井湾子啊"……每每这种时候，金钱都是微不足道的，只有看到他们的快速成长与发展，才能印证我们这群人的无限价值。

一位校长听完我的课，希望我给他们学校写一句赠语，我毫不犹豫地写下了"让教育走向开放"七个字，看着她端着自己的笔记本满足地离开，我感到莫大的自豪与宽慰；一位老师发来一条微信："张校长，晚上好！感谢上天赐我缘分，可以与您一起散步，我好幸福！"殊不知，更感动的是我。

20年来，据不完全统计，我讲课的足迹遍布全国34个省、市、自治区及东南亚部分地区，授课500余场，其中不少令人难以忘怀的人与事，刻骨铭心，甚至成了我退休后生活的一种企盼，一种诠释，一份荣光，一份慰藉。

今年3月23日，应甘肃省临夏回族自治州之邀，前往"第四届全国知名教育家'相约临夏·教育创新'发展论坛"，给当地800余名中小学校长和园长讲课。说心里话，3月的甘肃，还很阴冷，我对当地的饮食也不习惯，但电大马自东校长一次又一次邀请的诚恳态度，深深打动了我："我们临夏民族地区教育发展严重滞后，校长管理能力低下，期望您能再来给我们传经送宝。三年前，校长们听了您的课，很受启发，但还没听够，还辛苦您来一趟。"

我还有什么理由拒绝呢？只能欣然前往。3月22日周五晚飞到宁夏已是深夜，再三个多小时的车程到临夏。当天上午主讲"新时代学校文化重构"，课后还接受了当地电视台的采访，他们还把培训的宣传报道发给我，更是给了我鼓舞与力量。尤其是这次，我还有幸与全国著名"知心姐姐"、著名儿童教育专家卢勤老师及电影《隐形的翅膀》主人公的原型李智华女士相识。

接受临夏电视台采访

也有朋友直言不讳："你是不是耐不住寂寞，周末都不休息，很怕孤独呀？"其实恰恰相反，我之所以从 30 岁离异，坚守 25 年仍然孤身一人，就是因为不惧怕、不恐惧独自一人面对生活、面对一切，包括面对死亡。

我不能说自己是"大女人"，但一定不是"小女人"。可喜的是，正因为我有如此拿得起、放得下的心态，才拥有更多的时间去从事自己喜欢的事，并无怨无悔。

我已不记得是谁说过的一句话"行走的人最接近上帝"。在生命的旅途中，目的地并不重要，重要的是与谁相伴。20 年的行走，我庆幸自己与吴立岗教授、潘新和教授、周一贯老师、崔峦老师等前辈结缘，并视其为父兄般敬爱。难得的是，吴立岗教授夫妇把我当女儿般看待，有机会去上海，他们会带我去享受美食，陪我去特色小店，周老师还赠送我高档围巾，说是她儿媳妇杨澜女士送的。我除了小心珍藏，更多的是感怀。曾出版过 167 本专著、发表过 1400 多篇文章的周一贯老师，常常将他新出版的书送给我。最近我去绍兴讲课，读着他刚刚出版的被列入教育家丛书《周一贯与语文教育生命观》一书，对他 67 年的语文研究人生更是肃然起敬。

我与肖川教授、张文质老师、杨四耕教授等成了精神上的知己，并视其为导师。记得 2008 年，我有幸在由北京师范大学在桂林组织的校长培训会上讲学，并与杨四耕教授相识。不料，他居然热情主动地推荐我去上海一所知名大学附属小学接替当时即将退休的老校长，尽管我权衡再三，选择了放弃，但杨教授对我的那份恩情我没齿不忘，以至于到现在，他还为此深感遗憾。我们虽然生活在不同的城市，却心心相通，碰到一些疑惑，常请教他指点一二。我还成为他创办的"全国品质课程联盟"的核心成员兼主讲教师。

在浙江大学"千课万人"的论坛上，有幸与李政涛教授多次共同评课，被业界戏称为"聊课"的金牌搭档。现在只要李教授南下，我就免不了请他走进我们学校的"洲际视野"，走进我们的"开放式课堂"……他也推荐我在天津举办的"新基础教育"论坛上作"闪烁校园文化的星星"的主旨报告。

在各种各样的培训"场"，我还与港台名师邹敦怜、王绪溢、叶婷、罗一宸等有了美好的遇见。大千世界，人海茫茫，是"千课万人"让我与孙双金、王崧舟、何捷等诗意的邂逅，是"经典诵读"让我与薛法根、乔玉全、杨文华等温暖的相遇，是国家级、地市级培训平台让我们的人生更为精彩。

昆明名师工作室邀请张云鹰（后排中）留影

写到此，我情不自禁地想起了张文质教授，想起了他献给教师的诗意和远方的《行走之歌》——

我一直在走啊，
为了看看天上的太阳
我一直在走啊，
为了看看水中的月亮
我的城市，我的远方
自由的教师创造自己的乌托邦
翻过一座山，
我的朋友在前方
走进一座城，
我的理想还在我心上
一群勇敢的人啊什么都不害怕
一群快乐的人啊走在自由的大地上

竞聘校长　勇争第一

时代之轮驶进21世纪，几乎所有人都能感受到经过数十年改革开放的洗礼，社会形态正在发生着深刻的变化。一种更为开放的社会，正在悄然形成。而广东深圳的开放程度，更是为世人所瞩目。开放的国家，开放的社会，开放的城市，必然生成开放的教育。

在做教研、做教师培训的过程中，我越来越深切而清醒地认识到，很多学校的办学理念、管理模式都亟待变革。只有变传统封闭的教育为现代开放的教育，只有打破传统学校的时间与空间的界限，打破学科之间、师生之间、家校之间、学校与社会之间的壁垒，促使学校从孤立封闭走向全面开放，才能真正深化素质教育，促进教学创新，提高办学质量与效益，才能培养与社会发展相适应的人才。

在这样的学校变革、教育变革中，必须有教育思想成熟的先行者，同时还必须提供机会让他们到一线去探索，去实践。

2003年7月，对我来说是个关键的人生转折点。

当时，深圳市宝安区西乡政府在《中国教育报》上刊登了一则招聘启事，面向全国公开招聘宝安区西乡街道中心小学校长。其中有一条硬性规定是应聘者"年龄40岁以下"。那一年，我刚好39岁，如果不及时抓住这个机会，自己的教育理想若想实现，估计是难上加难了。

想想自己对这个时代教育的认知，对教育教学的研究，对教师培训的种种心得，都可以在一所学校里继续精进、升华，思考再三，我决定参加应聘——我急需一块属于自己的教育试验田。

西乡街道中心小学始建于清朝光绪二十一年（1895年），是一所百年历史老校。学校原来在西乡河西村，是一所私塾。1949年以后，经改造和扩建，该校先后更名为西乡小学、海湾小学、西乡街道中心小学（2014年又更名为西湾小学）。

1996年，随着西乡教育事业的发展，学校迁入新址西乡商业开发区——碧海湾。1999年，西乡街道中心小学作为宝安区第一所省一级小学，通过评估并正式挂牌。

在当时，这所小学的吸引力是非常大的，西乡政府收到了来自全国各地的上千份应聘材料，不少应聘者都是各地相当优秀的校长。西乡政府和当地教育局择优筛选了一百多名精英来到深圳宝安参加笔试。

非常幸运，我以笔试（笔试内容包括教育理论、教育管理、教育法规等）第一名的成绩进入面试。

因为拥有比较丰富的讲课经验和舞台经验，我没有什么紧张情绪，面带微笑应对台下专家的轮番"刁难"。在陈述自己参与校长竞聘的原因时，我说："我最灿烂的十年，是穿梭在中小学的课堂里；我最丰富的十年，是耕耘在教研和培训的岗位上。现在，我希望把自己最成熟的十年，奉献给西乡街道中心小学。"我的演讲，激情澎湃，言辞恳切，赢得了阵阵掌声。以下是我的演讲词——

> 我国有三个地方因吃辣著名：江西，不怕辣；四川，怕不辣；湖南，辣不怕。我就是辣不怕的湖南人。也许是辣不怕的原因吧，工作了16年后，1997年9月，我有幸成为深圳宝安教育战线的马前卒。我就是张云鹰，中学高级教师，毕业于华中师范大学，现在宝安区教育科研培训中心工作。经过慎重考虑，决定来竞聘全省第一个教育强镇的"窗口"学校、宝安区第一所省一级小学——西乡街道中心小学的校长一职。
>
> 我深知这个岗位有领导的期待、众人的关注，任重而道远。它既

要有扎实的教学管理经验，又要具备深厚的教育科研素质。而我来深圳前，就在全国教育先进单位、湖南省重点小学"警予学校"任教，教过一个从小学一年级到初三年级的实验班，在地方教育电视台做过一年的教育专题节目主持人。曾获得过省教学大赛一等奖、省教研成果一等奖。1991年，调任湖南省怀化地区做语文教研员，负责13个县、市、区的小语研究工作。主持实验课题获全国一、二等奖，曾被评为"全国优秀教研员""湖南省教研工作先进个人"。

我深知，作为西乡街道中心小学的校长，既要有敏锐的眼光，开阔的视野，又要具备协调能力和合作精神，特别是要非常熟悉区、镇的教育现状。1997年，我调宝安后，最初任宝安沙井教研室副主任，跟政府领导一起策划学校布局调整，撰写的《重组沙井教育资源，推进乡镇教育转型》获广东省吴汉良教育管理成果二等奖。2000年9月调宝安区教育科研培训中心，负责全区小学教师的培训工作。多次参与区教育规划的制定，起草"全区中心小学教师三年培训计划"，与各镇教研员精诚合作，发挥各镇优势，集思广益，开创我区培训工作新局面。曾被评为"区优秀教师""区继续教育先进个人"。

我还清楚地知道，作为西乡街道中心小学的校长，不仅要有育人之心，用人之道，还要具备一定的口头表达能力和写作能力，树立"龙头"校长的"招牌"形象。来宝安后，我作过各类专题讲座92场，培训教师2000余人次。在国家级刊物发表论文数十篇，其中5篇获国家级一等奖；出版编著7本，还应邀参与人民教育出版社教师教学用书的编写。

"人生难得几回搏。"站在各位领导、专家面前，我渴望成为西乡教育一个名副其实的指挥者，把我对教学、科研、培训的激情、痴情、真情，化作管理一所学校的豪情。

假如我能成为西乡街道中心小学的校长，我首先会进行角色转变，从业务过硬的行家向领导管理的专家转变，从执行者向决策者转变，从个人成就观向集体成就观转变。

假如我能成为西乡街道中心小学的校长，我会充分利用一般人所不具备的行政、专家资源库，团结全体教职工，树立"人本管理"的思想，制度管理、人文关怀并举，深入调查研究，凝聚班子活力，确立"一个目标""两块基石""三大支柱""四点依靠""五项策略"的办学思路。

一个目标,即总体办学目标——把西乡街道中心小学办成一所"师生素质发展为本,展现精神生命活力"的现代化精品学校。倡导"教者儒雅,以研为乐"的教风,促进教师做儒雅人、科研人、幸福人;营造"学者如渴,以思为悦"的学风,把学生培养成求知人、探知人、快乐人。让西乡街道中心小学成为宝安区的优质学校,成为全面实施素质教育的高质量、个性化的区域示范校。

两块基石,即以硬件和软件为基础。既重视硬件建设,提升镇办学校的文化品位,更突显软件效应,以课题研究为龙头,以培养名师为主线,走"两件"滚动发展之路。

三大支柱,即创美、创新、创特。创美——创造"绿色"文明、城市文明、现代文明;创新——理念创新、管理创新、课程创新;创特——特色学校、特质教师、特长学生。

四点依靠,一是依靠政府领导、宣教办领导的支持;二是依靠西乡政府所辖各村领导的信任;三是依靠全体教职员工的努力;四是依靠社会、家庭的监督。

五项策略,一是法德治校,确保健康发展;二是激活机制,造就高素质队伍;三是优化环境,营造团队精神;四是整合资源,提高办学效益;五是扩大交流,实现对外辐射。

……

"给我一个支点,我就能撬起地球。"借古希腊哲人的这句话,表明我来之能战、战之能胜的信心。我想,我父母40多岁的时候才有了我——他们这辈子唯一的孩子。给我取名"云鹰",希望我像飘飞的云、展翅的鹰,翱翔蓝天。我一定能得到这个支点!我希望能用我的能力、我的热情、我的忠诚让政府、社会、家长、师生"满意在西小";我希望今天先交一份口头答卷,明天有机会再交一份实践的答卷。

谢谢大家!

台下的专家,也许见识过太多优秀者,也许想看看这个竞聘者的内心是否真的很坚定,其中一位老师(后来知道是宝安特意从北京请来的教育名流)

直接抛出了一个尖锐的问题:"张老师,你从来没有当过校长,何以如此自信?你凭什么来竞聘校长?"

的确,在我提交的履历中,只有教研室副主任的职务,没有任何学校行政领导的经历。但是,面对他的问题,我毫不犹豫地答道:"过去的教育管理经验也许正是今天教育改革发展的障碍。有没有当过校长或许不重要,关键是能否在办学思想、理念上有所创新。只有创新才有教育个性,才有独到的教育理论思维和教育哲学思考。创新比经验更重要。"

凭借着自信与率真,像笔试一样,我的答辩也获得了第一名。

就这样,我以"两个第一"的竞聘成绩,走上了西乡街道中心小学校长的岗位。

对于我能否胜任校长一职,我知道一些朋友在拭目以待。我自己知道,"我选择,我负责",我开拓的教育版图,即将展开它的独特面貌。

我为何有此自信?

首先,39岁的我,经历过课堂,经历过教研,经历过教师培训,对于教育一线的种种,可谓深谙于心。现在正是厚积薄发,能够在校长岗位上有所作为的时候。

其次,家庭生活安定,孩子已年满16岁,就读于深圳高级中学,无论在学业上还是在生活上,都可以自理自主。我可以去追寻自己的道路。

最后,也是最重要的,我看重、热爱西乡街道中心小学,我看重它不仅是因为它具有宝安区第一所"广东省一级小学"的光环,更因为它是处于宝安城乡接合部的农村学校,有许多教育转型的问题非常值得研究,具有挑战性和更多创新的可能。我把它当作一个大舞台,一个可以长袖善舞,可以实践我所追求的教育理想的广阔天地。

后来我才知道,当时负责选聘工作的领导,原本是想聘请一个男性做校长的,因为我的笔试和面试成绩都是第一,而且分数遥遥领先,就决定让我上岗了。

那位领导,正是当时主管西乡教育的领导何家鸿,现在担任宝安区政协副主席。当竞聘结果出来,他宣布完了以后,特意找到我——他其实不了解我,只是通过我的答辩,以及试卷上的表述,觉得我这个人可能是比较强势的,所以特别交代我说:"慢慢来,不着急,一步分成三步走。"这番话,给我留下了十分深刻的印象。

当时我虔诚地说："好的。"多年以后，我跟他说："对不起，我是三步并成一步走了。"他笑着说："现在看来，你的做法是对的，证明我选的人没有错。"16年过去了，我在心里很感谢他，感谢他作出了面向全国招聘校长的决策，感谢他公平、公正、公开地选择了我。

但是，当我到了西乡街道中心小学的时候，真的是蛮失望的，也明白了领导当初为什么想选一位男校长的心思。

新的岗位，新的困境，就这么在欣喜之余到来了。既然知难而退从来没有在我的人生词典里出现过，那我就借着新的困境，在新的平台，作出一番事业来吧。

百年老校　破旧立新

任命后，我被告知：8月24日报到，9月1日正式进入学校。

我至今仍记得走进西乡街道中心小学时的情景。

2003年8月24日，是一个阴雨绵绵的日子。

学校原来的行政干部和这次一起应聘的两位副校长（一位是原德育副主任，一位是原教学副主任）都来了，还有近60岁的后勤主任和长期跟着原老校长的司机（兼管食堂事务）。那一瞬间，我就产生了"中层干部竞争上岗"的念头，很快就确定了选聘条件，鼓励学校内部的学科组长和年级组长大胆竞聘。新一届行政干部就这样产生了！

黄秋生老师就是刚才说的原老校长的司机，第一次见到我时，感觉有点怯生生的样子，他缓缓地对我说："张校长，说实话，我一个暑假都没有休息好，一直很担心。我这么多年没上主课了，我怕你让我再上语文课……"虽然知道他是原校长的"心腹"，但我从他的眼神中觉得他是诚恳的、真切的，我需要这样的人来帮学校做事。

完全出乎黄秋生老师的意料，通过竞聘，他被任命为学校的办公室主任。他的服务意识、大局意识，在后来的工作中得到了很好的验证。现在，他已是一所学校主管德育安全工作的副校长。他常说，是我历练了他，培养了他，让他从一个不敢当众说话的人，成长为一个思路清晰、自信的管理干部。

汪凌老师是这个行政团队中最年轻的干部，她大学学的是信息技术，英语水平在我们管理团队里是最高的。我要求她每次开行政会议前教我们学一句英语口语，号称"每周一句"。也许是我的天赋不高，也许是我对英语有所排斥，这么多年过去了，我的英语水平一直没有长进。而她已成长为一所学校的校长。

这批通过竞争上岗、选拔培养的中层干部，如今大多都走上了学校校长或副校长的岗位。我的管理策略"在观察中发现，在发现中思考，在思考中决策"，也为他们所借鉴。我说的话，他们常常提起：你是副校长就先把副校长的事情做好，你是副主任就先把副主任的工作做好。一个副校长或者副主任，没有做好眼前事、本位事，而是老盯着上面的位置，最终可能一事无成，事与愿违。

平心而论，1991年，我调到教科所，就离开了学校，后来即使到民办学校，工作时间也是比较短暂的。也就是说，我离开了学校十几年后又回到学校。到了西乡街道中心小学，总体上还是非常吃惊的：怎么是这样一所农村小学——还是第一所省一级学校？不过，第一天开学心情很是激动，还精心打扮了一番，然后就站在学校门口——其实我不主张校长站在校门口，每天迎候老师、学生到学校的，但是，我那天是满心欢喜、郑重其事地站到那里的。

而接下来看到来参加开学典礼的家长和学生的风貌，我几乎震惊了：在这么重要的场合，很多家长不注意自己的着装，有的家长穿着拖鞋，有的穿着睡衣，还有的穿着短裤！而学生的衣服也多是不伦不类的，甚至是邋邋遢遢的。

不知何故，大家司空见惯的现象，深深刺激了我的神经。说实在话，我离开学校做专职教研员和专职培训教师达12年之久，的确很少关注课堂外的校风校貌，但当我真真切切地深入到这所处于城乡接合部的省一级学校，竟然看到如此情景时，确实出乎意料。

当天晚上，我辗转难眠，思绪万千。我很清楚自己的价值和使命。身为一所学校的校长、法人代表、决策者，我应该把这所学校带向何方？什么时候才能让所有师生感到学习、生活在这所学校是一种自豪和荣耀……校长岗位，给了我宏观地思考这个问题的机会。

我重点思考了两个维度的问题：培养什么样的人和怎么培养人的问题；办什么样的学校和怎么办学校的问题。

这是每个校长都不能回避且必须清醒认识的问题，也是一个校长教育智慧的集中体现。我们国家有总的教育目标——培养德、智、体、美、劳全面发展的社会主义建设者和接班人，但具体到每一所学校，所确立的培养目标一定还要有自己的追求和内涵。

既然发现了问题，就必须直面问题。我开始关注这所学校所处的大环境，以及为什么这里的人会有这样的风貌。在 21 世纪初期，深圳各区迎来了城市化进程的迅猛发展期，市政设施建设、城市环境美化等硬件方面都在完善当中，而人们的素养水平与城市化要求不同步的现象，开始以各种形式不断出现。

我在开学时看到的这一幕，就是这一问题的表现之一。

西乡当时是个特殊的地区，所谓"城乡接合部"，城市化进程加快，而很多人还带着农村生活的习惯和意识。要实现转型，当然无法一蹴而就，但教育可以发挥重要作用。

综合这些观察及思考，我提出了"培养具有国际视野的现代城市人"，亦即"培养城市人、培养现代人、培养国际人"的目标。第二天，我跟全体教职工谈了我的初步想法，重点就是在农村向城市化转型时期，必须树立"培养城市人"的教育目标。不少老师、家长，甚至教育局的领导都不太理解，有的问："宝安就在深圳，很快就要实现城市化，人人都会自然而然地变为堂堂正正的城市人，你为何还提出'培养城市人'？"有的说："你提出'培养城市人'，是不是瞧不起农村人，歧视农村人？！"

为了回应众多的疑惑，我向大家阐述了我的一些基本想法：因为社会转型，所以教育必须转型，因为教育转型，我们的培养目标必须与之相适应，尤其是处在农村向城市化转型期的西乡街道中心小学，更应适应时代和社会的要求，肩负起全面提高人的综合素质的培养重任。

可喜的是，前三年的实践，逐步得到了教育界专家和同行的肯定。中央教育科学研究所原所长朱小蔓教授这样评价："张云鹰校长率先提出'培养现代城市人'的教育理念,并且一直带领着全校师生在理论和实践上执著地进行探索。仅仅三年多的时间,一所原属农村、基础较差的小学,很快转变为一所被政府、社会、家庭以及教育界共同认可的省一级优质学校,一所融入城市新文化的小学。我相信这是先进的教育思想与创新性实践结合的力量所致,是云鹰校长倾心教育实践研究的智慧之果。"

张云鹰(中)陪同中央教育科学研究所原所长朱小蔓教授(左一)欣赏学生陶艺作品

萌芽"开放"　潜心践行

"三培"目标，即"培养城市人、培养现代人、培养国际人"的提出，让我成了众所周知的"三培校长"。比起培养目标和育人目标的确立，更重要的是每位教师的深度认同和积极实施。实施的途径与方法是什么？我提出了一个响亮而大胆的词：开放——"开放式教育"由此产生，"开放式管理""开放式德育""开放式教学""开放式手段""开放式评价"的"开放"框架逐步清晰。这同样需要老师们的认真参与、共同探索。

师资力量是一所学校存在和发展的核心因素。在走进西乡街道中心小学之前，我对老师们的情况几乎一无所知。有的校长可能会从联络感情开始，比如嘘寒问暖，比如发放物资，比如深入家庭……但这不是我的风格。

一所学校的发展，如果教师没有过硬的专业技能，一切都是妄谈。趁着学校迎接"广东省一级学校"复评的契机，我马不停蹄，进行地毯式听课。

听完一轮以后，我发现有些老师的课，真的是差到令人瞠目结舌的地步。而更为糟糕的是，学校存在一些靠"裙带关系"混日子的人：有退休返聘的——退休返聘的有什么人呢？老校长的表哥、表弟，还有老校长的侄儿、侄女；还有文凭不达标的，有的老师连中专文凭都没有……

接受省级复评，我对课堂教学的要求是优秀率达到85%以上，甚至更高。不少教师议论纷纷。新提拔的主管教学的副校长，算是这所学校的老员工，故意请假，并扬言："我就不在现场，看她怎么办！"这使我想起我决定来当校长时，我读师范时的校友、已有多年校长经验的舒锦萍说的话："我们外来人当校长，有些人会眼红嫉妒，故意刁难。一次区里文艺汇演，我们少先队辅导员不干，不排练。我就亲自导演……"是啊，校长是什么？别人会做的，我们要能做；别人不会做的，我们也要能做，并且还要做得更好。

我记得当时还有老师甚至说："有本事，你自己来上吧！"

我是做过教研员的人，更参加过无数次的教学大赛，上课？吓不倒我。

我问老师："你们想听什么课？希望我上什么课？"语文科组长张颖老师告诉我："校长，广东的教师大多没有亲眼见过下雪，你就上《第一场雪》吧。"如果没有老师们的激将法，也就没有我这堂精彩的课了；也因为这堂课，当时《中国教育报》"校长周刊"主编鲍东明老师以"率真的首席教师"为题，对我作了专题报道，本校的张红华老师以"深刻的简单，真实的完美"为题，将这堂课的实录整理成文，最终发表在《中国教育报》上。

至今我还记得，那节课下课铃一响，大家沉默片刻，全体学生不由自主地鼓起掌来。接下来评课，有的老师说："这是一节既回归传统又超越传统，既忠于教材又超越教材的好课。"有的老师说："这节课，张校长没有刻意地去准备。她是拿着一本书和一支粉笔走进教室的，以最低的成本，收到了难以想象的效果。这样的课堂就是高效益的课堂，同时为我们验证了'我一辈子都在备这堂课'这句教育箴言。"

这是一场及时的"雪"。它荡涤了改变学校的道路上那些纷纷扬扬的尘埃，让课堂、让教学回归常态，强调效益。

这是一场开放的"雪"。它诠释了以人为本的"开放式教育"的内涵：教室的门为校长开着，校长走进教室听课，走上讲台上示范课，这就是开放；校长的心为老师们开着，让老师们的不同意见自由进出，这就是开放。

这是一场生命的"雪"。它努力关注学生的生命主体，从学生的生命本性出发，追求课堂的自然与朴素、人文与经典……

张红华老师至今说起这堂课，还是记忆犹新，每每侃侃而谈："有幸听过张云鹰校长执教的六年级阅读课《第一场雪》。她没有依靠声光电演示下雪的场景，全凭自己扎实的教学功底和娴熟的教学技艺，行云流水，让课堂精彩纷呈。下课时，孩子们不约而同地报以热烈的掌声。这样的课，彰显的是课堂教学生产力。这样的课，让我感受到一种'简单的艺术'，对我们当下的课堂教学改革具有很好的借鉴意义……"

在西乡街道中心小学的八年，类似这样的课，或为解燃眉之急，或为"先行先试"，我上了不少。比如《乡下人家》，前一天听了年轻教师蒋大进上的这一课，突然感觉，评这节课不如自己也上上这节课，让老师看看我是怎么确定教学目标、选择教学策略、开放教学内容的，并通过比较，理解什么是好的课堂、什么是合适的教学。之后我这节课的教学实录发表在《小学语文教学》上，它体现的是一种以"写"为核心的语文阅读教学课堂模式，注重引导学生在联系生活体验与文本对话的过程中，落实词语理解、朗读训练、写法提炼并迁移运用。

老师们觉得古诗词不好上，我就示范授课《早发白帝城》。听完课后，有的老师说："张校长这节示范课体现了新课标的精神，她把现代教育理念与传统的语文教学经验进行完美的结合，以一种纯粹的方式演绎了诗意的课

张云鹰上《早发白帝城》

堂。"有的老师说:"在教学中,张校长十分重视对学生学习方法的指导和良好学习习惯的培养,通过层次分明、循序渐进的教学活动,引导孩子们归纳出学习古诗的一般步骤及方法,可谓'教是为了不教'。"

带着一颗宁静的心,再回首,赤霞辉映的白帝古城是否残垣犹在?轻舟负载的那个风华绝伦的诗魂已不知飘在何方,三峡的猿猴欢快的啼鸣却穿越时空的风尘,至今还回荡在我们的耳畔。诗歌的生命如此,教学的生命又何尝不是这样的呢?今天的新课堂呼唤着语文的本色回归。相信课改的激流必然带走浅陋和虚华,留下纯美的生命本真与人文情怀,使我们的语文课堂留下令人感动的素净与永不褪色的诗意。

也许是我一直坚守"教师的生命价值在课堂闪光"的信念,因而即使当了校长,也不忘耕耘课堂,努力做教师的教学表率。面对诸多不如意,考虑到与"广东省一级学校"复评的优良率有一定距离,我召开学校行政干部会议,决定根据三个原则解聘一些教师:一是文凭不达标的一刀切(当时的要求是具有大专及大专以上的文凭);二是退休返聘的(不属于专家、学者)一刀切;三是不适应学校新的发展环境的一刀切。经过层层考核和行政研究的结果,17名教师被解聘。然后,学校面向全国公开招聘优秀教师。

很多人不适、不满,甚至上访,告状信满天飞,有的还"飞"到了省教育厅。但我坚决执行:第一,我是公开公正地招聘优秀教师,没有人跟我有什么"私人关系"——后来这批招聘来的教师成了学校的教学骨干,有的还获得全市、全省、全国的教学大奖;第二,我真的不忍心让西乡的孩子毁在不达标的教师的手里;第三,既然通过全

《人民教育》专访

国招聘了校长，相信西乡人不希望看到学校原地踏步，裹足不前。

此事在当时引起了极大的轰动。因为牵涉的教师都有各种人情关系，他们还提出了不符合实际的经济赔偿要求，我当时甚至设想了上法院对簿公堂的场景。我知道一些人在骨子里是有喜好告状的基因的。但自从我选择了当校长，我就作好了各种心理准备。

正义的事总有正义的人来维护。记得一个叫罗国辉的老师主动向领导请愿："张校长这样做，是为了我们西乡的子孙后代，为了改变我们学校落后的现状。如果有谁要赔偿，我愿意自己掏钱……"还有鲁德忠、江华等一批老师，积极支持这一改革创新的举措。我们最终达成了提升学校师资力量、更好地服务教学的目标。

多少次夜不能寐，多少次食不甘味，只因为有这份沉甸甸的担子，我必须开足马力前行。听课、开会、决策、协调、谈心、汇报、接待、组织活动、调查研究、参观考察、学习思考、处理矛盾、解决问题、撰写文章……大大小小的事情，把我的每一天都填得满满的，我几乎没有上下班的概念，没有节假日的享受，但我很幸福、很欣慰，因为学校在进步，每个老师在进步，每个学生在进步，我在这个集体的熔炉中也在进步。

西乡街道中心小学的硬件设施并无太大改观，但我领导下的教师团队在蓬勃成长，慢慢地让人眼前一亮。当时主管宝安区教育工作的副区长陈广源博士走进我们学校，连声称赞"教育理念新，师生面貌新，教育环境新"，并欣然题词：怀云鹰之志，作莽牛之耕。我打趣说："如果改一字就更妙了，将'作'改成'化'，寓意'怀化'的'云鹰'展翅了。"

在改造学校的磨砺中，各种艰辛固然一言难尽，但为我后来的职业经历带来了宝贵的经验。这番考验，就如我们湖南人说的，已经是"洞庭湖的麻雀经历过风浪"，不管到哪里，不管遇到什么事，我都不会退缩了。

如果没有强大的心脏，不止现状改变不了，我也会在一年试用期后成为被"挤走"的那个人。人生中总会遇到很多看起来很可怕的困难，即便是那些有勇气去面对困难的人，也不敢保证不会中途折翼，能坚持到最后的，往往寥寥无几。但是一旦你坚持下来，在与困难搏斗的同时，你也会越来越强大，最后看到的，就是美好的风景。

为了进一步改变学校的面貌，我提出"读书的女人最美"这一口号，并精心把它打造成学校的文化品牌。这项活动延续至今。更让人惊喜的是,《春天的故事》《走进新时代》的词作者蒋开儒老师为我们创作了歌词《读书的女人最美》,并邀请他的老搭档、作曲家赵连弟谱曲。一首悠扬、富有诗意的歌曲诞生了:"你把温柔酿成美酒,你把妩媚化作高贵……"这首歌伴随了我整整16年,文化的开放从此萌芽。

在"读书的女人最美"的活动中,我要求女教师都要穿晚礼服,并精心化妆,以更好地展现女性之美。那些上了年纪的女老师,突然发现自己原来这么美。每年一届的"读书的女人最美"专场晚会成了老师们一年一度的期待!

"读书的女人最美"专场晚会现场

苦累和幸福交织着,磨砺和成就交织着。可以说,我在这所盛名在外而弊端不少的老校的校长之位上,炼成了钢筋铁骨,也练出了教育管理、教育教学、教育革新的胆魄和新经验。也正是在这所学校,我的"开放式教育"体系开始萌芽实践,并向着欣欣向荣的样子成长。

2011年,我离开了西乡街道中心小学,算起来,待了整整八年。其实我自己并没有主动提出要离开。"万事开头难",开了头就不难了。这八年除了头一两年比较艰难外,后来的工作可谓有条不紊、井然有序。

八年时间,学校师生参加区、市、省、全国各级各项比赛,获奖达5000多人次。整个校园的教研氛围、学习环境、精神风貌,发生了空前的变化,得到了不少教育名家的肯定和鼓励。

顾明远先生就觉得，一个小学校长，能够把教育和社会的发展相联系，能够把学校的培养目标和社会的转型相结合，"非常难得"。同时，"培养城市人"的办学目标，正是当时深圳社会转型所需要的，我能及时洞察到这一点，并相机而动，顾老对此非常赞赏，并为我的教育专著《教育智慧与学校创新》（"中国特级教师"文库之一）题字：城市化的呼唤。后来，顾明远先生还亲临西乡街道中心小学，我也得以向他请教了很多教育问题。顾明远先生觉得，在社会发展、转型中，很多城乡接合部的学校，都可以借鉴我的"开放式教育"的理念和方法。能得到顾明远先生的鼓励和肯定，我自然是备受鼓舞，热情更高。

著名教育家顾明远教授为西乡街道中心小学题词

"开放式教育"的探索，既丰富了我的教育智慧，让我在探索中得到成长与发展，也促进了西乡街道中心小学的城市化转型。中央电视台、中央人民广播电台、《人民教育》、《中国教育报》、《南方日报》、《深圳特区报》等多家媒体先后予以关注与报道，美国、英国、日本等国家和香港、北京等地的众多教育同行、办学单位纷纷前来"探秘"。

但我还是离开了，开始了一段新的征程。

创始新校　梦重启航

2011年7月，一个平常的日子，时任深圳市宝安区教育局局长找我谈话。在我毫无心理准备的情况下，局长告诉我，要调整我的工作岗位。

当时有两个方案供我选择：一是去区直属的宝城小学，它是一所建校较早、品质较高，在老百姓心中排名靠前的成熟学校。按当时局长的说法，我如果去这所学校，不出三年一定会让它在全国享有盛誉，打造出一所宝安真正的品牌学校。二是去新建校即现在的坪洲小学，它是区直属学校中地域最偏、条件最差的一所小学，当时校门、操场等都还在建设当中，功能室一片空白，师资队伍也还没有保障。局长说，如果去坪洲小学，就会很辛苦，也需要相当长的一段时间，才能将学校"树立"起来。

也许是我的性格使然，也许是我的教育信念就是想用先进的教育理念办平民化的学校。我不假思索，选择了坪洲小学。领导还曾征求我的意见：要不要将"坪洲小学"改为"宝安区第一外国语小学"？因旁边的"坪洲中学"已改为"宝安区第一外国语学校"。我却觉得，如果要改，我会申请改为"国语小学"而不是"外国语小学"。这是我对办学的一种自信，也是对中国传统文化的自信。为此，我还创作了一副对联，后来就镌刻在坪洲小学智慧门的两侧:"坪筑杏坛传演经史诗云,洲立学府培育才俊雏鹰。"

我将自己的"云鹰"命运与学校"坪洲"发展紧紧地连在一起。

智慧门的正前方就是"震卦"的位置,也是学校的正"东方"

虽然在西乡街道中心小学的后期做得顺风顺水,但我还是愿意作出改变,希望拥有一个更适合自己奋斗的平台——环境改变也好,场景改变也好,心情改变也好,总之感觉要改变一下。就如我当初选择竞聘校长,是抱着一种尝试的心情。八年之后呢?既然在一个艰苦的地方,用八年时间证明了自己是完全可以驾驭的,那接下来的改变也应该属于顺势而为的事情。

我接手创办宝安区坪洲小学,到今年(2019年)已经整整八年了。学校的发展有目共睹。坪洲小学,已成为"全国语文教改示范校"、"全国科学教育实验基地"、"全国人生科学实验基地"、"全国名校联盟先进单位"、"广东省书香校园"、"广东省中小学校长培训实践基地"、"张云鹰名校长工作室"挂牌学校、深圳市教育系统"先进单位"、深圳市"最具变革力"学校、深圳市首批"创新领航"学校、深圳市优秀"领读者十大社区"之一、深圳市首批"智慧校园"示范学校、深圳市首批"创客"示范学校、深圳市"依法治校"先进单位等等。师生参加教育部门组织的各类竞赛，获得荣誉及奖项的有 4265 人次，走进坪洲小学观摩、学习、考察的国内同行及外国友人超过 14779 人次。《中国教育报》、《人民教育》、《语言文字报》、《南方教育时报》、《深圳商报》、《宝安日报》、深圳电视台、宝安电视台等多家媒体对学校的办学特色和品牌发展作了多次宣传报道。

我们的第一届学生詹丁俊，凭借发明"远近光车灯"，在 2018 年第 46 届瑞士日内瓦国际发明展上获得银奖。这种车灯基本实现了自动转换远近光，而不需要驾驶员手动操作。评委们赞不绝口，一致认为"很有意义"。他是从坪洲小学的"创客班"毕业的。

别人经常问我这个问题：一所新学校跟一所老学校，在管理模式、架构上，有什么区别？或者说，它们各自的管理、建设着重点在哪里？

从自己所经历的职业过程看，我认为对老学校的改造，需要破旧立新——老学校不适合快速推行先进的教育思想，而是要把不适合先进的教育理想的，先破除掉，然后重新建立新的体系。它既有一个破的过程，更有一个立的过程。在"破"的过程中，肯定会遭遇阻碍：为什么要解聘他（她）？这里好好的，为什么要打掉？那里也不错，为什么要推翻重来？……

在破旧立新中，有时也存在一个矫枉过正的问题，就是不管原有的传统，把所有的"旧"东西，不管三七二十一，从办学理念到校园文化，全部推翻，从头开始。这是很可怕、很要命的。

我的建议是：你觉得你能超越的，能做得更好的，就破了再立；如果你没有这种能耐，没有这种潜力和张力，那就先继承和发扬，小改即可。

那么老学校破旧立新和新学校建设的核心点，差异在哪里呢？我认为：一个是从"人"开始，老校的基本建设一般是能适应正常的教育教学的，所以管理从"心"开始是第一位的；一个是从"物"开始，兼顾"人"的管理，或者说"人"与"物"齐头并进。

老学校就算校园硬件设施不好，办公室很糟糕，但它还可以用，你首先要改变的是这个环境里的人的观念。

比如说我在西乡街道中心小学的时候，当年有一批中学教师，他们不胜任中学的教学工作，教育局、镇政府就把他们"下放"到我们小学。这批人都 50 多岁快退休了，能力有限，也不怎么干活，还经常搬弄是非。这样下去肯定不行，我得想办法"镇住"他们。

那是 2005 年，深圳出台了一项政策，女老师 50 岁、男老师 55 岁可以申请退休。他们当时有近 20 个人到了这个年龄，但最后真正愿意退休的只有一个人，是我们的一个管理后勤的中层干部——也许是我要求太高又常常要加班，那年他 55 岁就退了。从我个人来讲，当然希望到年纪的这批人都退了，这样可以减轻很多管理和教学上的负担，可以引入一批新鲜血液补充教师队伍。可是结果让我很失望：其他人都不愿意退。

怎么办呢？这么大年纪的一帮人，你又不能像批评年轻教师一样去说他们，也不能睁一只眼闭一只眼任由他们这样下去。思来想去，我就召集他们开了一个特殊的会，主题是"焕发职业第二春"。

我现在还清楚地记得，我在会上很诚恳地对他们说："各位老师，大家都知道，现在刚好有一项好的政策，女老师 50 岁可以退休，男老师 55 岁可以退休，这一次你们都没有提出申请，看来都不愿意退。我当然不追究也不想了解你们不愿意退休背后的各种原因。既然你们不退，我表示欢迎。但同时，你们需要向我证明两点：第一，你们的精力、体力可以过关，可以跟年轻教师一起干下去；第二，你们的教学专业水准是没有问题的。"

其实那年我 41 岁了，人到中年，也不是特别年轻了，但自信精神状态还非常好，有资格说这样的话。另外，我不管他们之前是否有混日子的想法，但在我的观念里，任何轻慢教育的行为，都是不容姑息的。这样的人，要么走，要么按我的教学理念来要求自己、改变自己，并努力做到最好。

我提出"教者儒雅，以研为乐"的观点，就是要求教师以知示人，体现教师知性儒雅的形象，以研究的状态、乐观的心态去教书育人。

而这个"老年下放"群体，别说什么研究意识了，很多人连起码的教育心都没有——这就是他们在职业道路上被边缘化的原因。我就说："你们来到小学，其实要认识到小学比中学更重要。不要觉得原来的中学把你们'辞退'了（他们都是体制内的正编教师），就自我贬低，而要认为我们是在为学生的一生打底色。我也是中学教师出身，从中学主动调来小学的，在小学一样大有作为。不要想着就这么晃着，而要想办法焕发职业第二春。"

这个会的效果，出乎意料的好。这些老师很感动。他们也是希望得到肯定的，也是希望做优秀教师的。

后来他们真的变了个样，精神状态、生活状态都越来越好。

我跟一些校长分享如何改造一所老学校的经验时总会强调：改造人是第一位的，要把人引导到理想状态中来。在教育中，人永远是第一要素，其他的可以暂时维持。等到人回归到正道、中心轨道上以后，再来改变物——也就是校园文化建设等这些外在的东西。

就像我要改变一个人的外在形象，如果他从内心不接受，你叫他穿这个，穿那个，他也不能接受，你的改造就不会成功；只有他内心接受了，意识到原来人的外在形象那么重要，原来人的服饰就是人的思想的外在表现，他才能跟着你改变，你也才可能改变他。

改变就要先改变最本质最核心的东西，才能收到事半功倍的效果。

建设新学校，自然是不同的。为什么不同呢？就以坪洲小学为例。这个学校当时还在兴建之中，没有校门，没有操场，没有功能室，更谈不上校园文化……2011年暑假，我白天在学校工地像个建筑包工头，晚上在家里规划学校发展蓝图。

我首先要制定学校的发展规划，做好顶层设计，包括学校办学定位、品牌形象、精神气质、办学理念等等。我也花了很多时间和精力进行学校的外在形象、气质的打造。为什么要这样？

新的学校，学生是新来的，教师是新来的，我要让他们首先感受到学校的与众不同。只有让它跟别的学校不一样，才能吸引更优秀的教师，更优质的学生，才能让家长更有信心。因为无论我们言语承诺中的学校将来会是什么样子，现实中家长也好，新教师也罢，他们对一所新的学校都是会存疑的——我不能说是质疑，但肯定是会存疑的。教师们会考虑：这所学校到底会是怎么样的？以后的发展会是什么情况？我选择这所学校，发展前景会不会好？而家长会想：我选择让孩子来就读，一读就是六年，学校的美好前景在哪里？

所以创校之始，我就明确定位，要让"学校有灵魂，教师有思想，学生有主见，家长有信心"。要实现这一目标，首先必须把学校的外在形象、气质打造好。

形蕴"开放"　塑校之魂

如果说学校文化是一片星空,那么,校园文化则是这片星空上闪烁的星星。我们走进一所学校,首先看到的一般是它的校园环境,就像认识一个人一样,在还不了解其思想、性格的时候,首先映入眼帘的是其外在形象。

学校的外在形象涉及学校形象设计,它是一种学问,更是一门艺术。作为坪洲小学的创校校长,我义不容辞,要走好第一步,担起这份责任。我投入全部心力,拿出了第一个"空间作品",以至于现在不少走进坪洲小学的人都以为:其一,我是学美术的,否则很难有这么好的空间设计感;其二,我的家肯定非常美观、舒适、宜居;其三,看不出这是一所新校,像一所有悠久历史的学校。

在学校形象设计上,有一个核心元素就是"开放",它既是我教育理念的外化,也打上了我的审美烙印。具体来说,它遵循以下几个原则。

第一个设计原则:指向育人。教育的终极目标是育人,所以要将育人的元素融入校园空间当中。坪洲小学的校训是"蒙以养正,文明以健",强调"以正治校"。校园环境建设自然要与办学理念相一致,既注重"建筑标准"更注重"教育标准",既有"成人立场"更有"儿童立场"。所以,我们所有楼阁的命名都以"正"字为首：正德楼、正言楼、正心楼、正健楼、正轩楼、正己台、正气门、正居阁、正观亭，一共是九"正"。

九为大。这九个命名，都经历了一番苦思冥想，尤其是"正观亭"这个名称的确定，真是煞费苦心。2013年，亭子建成了，该给它取什么名字呢？我不知是黔驴技穷还是希望大家都参与，就发动老师们都来为这个亭子命名。结果提交上来的名字都不理想，但自己一时之间也想不出更好的。其间恰巧有一次到外地讲课，在飞机上再读王蒙先生的专著《老子的帮助》，脑海里突然闪现"正观"二字——无论教师还是学生，人生观、价值观、世界观，首先要正确，"三观正"要大力弘扬——这个灵光一现想起的名字，很多人都觉得贴切、有内涵。所以，有时我就很感慨，一个人培养起阅读的习惯，它真的会在恰当的时候给你一个意外惊喜。我也更加感到老子思想的深邃与伟大——与这样的经典同行，时时会让人豁然开朗。

正观亭

正居阁在正轩楼的二层，是老师们喝茶聊天、谈心说事的地方；正己台，意思很明确，就是学生每天来到学校，都要在"正己台"前，照照镜子，看看自己是不是"头必正、衣必整、背必直、发必理"。它们各有寓意，都体现了"蒙以养正"的育人观。

我非常注重传统文化的渗透。在我看来，我们中国哲学的源头就是《易经》，我们的校训"蒙以养正，文明以健"，正分别来自《易经》的第四卦"蒙卦"、第十三卦"同人卦"这两个爻辞。在我们的"地理园"中，我大胆设计了一个"后天八卦图"，从这个图可以分辨学校东、南、西、北四个方向，"震卦"的正前方立有一个"智慧门"，对着太阳升起的地方，那是学校的东方。我们可以解读图中的"五行"，即金、木、水、火、土，也可以领悟图中蕴含的中国哲学思想。我们还设计了一面传统文化墙，上面雕刻有《论语》《道德经》等典籍当中的经典名句，很多外国友人都特别喜欢在此留影；与之并排的是十二生肖图，对每个生肖都有浅显易懂的解释，学生可根据自己的生肖，从原生自然的角度认识自己。

后天八卦图

我的目标就是，通过精心设计校园文化，让每一个角落都充满感染力，让冰冷的建筑有生命的温度，更好地发挥育人功能。对于小学生来说，成人的说教往往比不上环境的无形感染与影响。在校园各个空间的命名上，我们也努力体现"开放"的理念，比如电脑室、实验室，不叫电脑一室、电脑二室，实验一室、实验二室，而是取名为"太空创客园""网络时空""信息港""IT之门""牛顿空间"等等，心理咨询室叫"心灵港湾"，美术室叫"纸舞空间""书画天地""舞动平台"，音乐室叫"天籁之音""快乐音符""金色大厅"和"韵律美仪"等。在这样"开放"的命名中，体现的是一种汉语之美、教育之美。至于"校长室"，毕竟校长是学校的法人代表，其职务带有一定的行政色彩，尤其是当有人要找校长时，你应该让人家很明确地知道你的办公地点在哪里，所以沿用常规名称。

　　第二个设计原则：体现现代与传统的融合，体现与当地文化特质的吻合。

　　我们的学校文化，绝不是凭空想象的，而应有历史的、传统的、理性的观照。广东文化属于岭南文化范畴，源远流长，其传统建筑在中国建筑史上可谓一朵奇葩。遗憾的是，我来深圳20余年，从没有看到过具有岭南情调与神韵的校园。我甚至幻想，如果有机会再去办一所新学校，我一定争取从一开始就参与到整个校园的规划当中，建设一所具有"群体布局、组合空

太空创客园

间、清新明快、千姿百态"的岭南风格的学校。如今，只能利用一个小小的空间满足这个心愿，借鉴古代亭台楼阁的原型，利用灰塑、砖雕、景窗、空花等岭南建筑室内设计的元素，建了一个可容纳一个班的教学、七八十位教师观摩的"岭南书院"。

　　立足传统，吸纳现代尤其是现代科学的元素，这是同一个问题的另外一面。在科技楼，我们精心设计了一个"太空创客园"，它基于空间重构的设计理念，通过情景模拟、物理模拟、泛在学习、人工智能等形态，为学生打造了一个体验化、互动化、游戏化的"学习空间"。正德楼架空层有"数字阅读""每日播报""自主选课"等高科技设备设施，正健楼的架空层则布满行星、地球仪……

　　利用"后天八卦图"旁边的通道，我们建了一个"英语村"，设置了"英国邮筒"和"英国电话亭"。操场边上则是一道长约一百米的书法长廊，一个个石碑，以王羲之、欧阳询、颜真卿、柳公权、苏轼、李铎、启功、赵朴初、沈鹏等古今书法大家的字体，镌刻了不同时期的古诗词。东方文明和西方文明在这些空间里交相辉映，给人一步一景、回头亦有景的感受。

　　第三个设计原则：独特，既追求原创、唯一，又做到丰富、兼容。

阅读小屋

比如，为了服务中医课程的实施，我们专门开辟了一个"百草园"，种植中草药153种，共1000多棵，包含水草类、爬藤类等。操场一角则开辟了一块小菜地："青青园"，此外还有"书韵园""乐憩园""兰馨园""桂香园""雅趣园""养心园""放鹰园"等等。它们既丰富了课程资源，又让整个校园空间更具"形、色、韵"兼备的美感，学生不仅感受得到，而且触摸得到。所以，这个"独特"并不是排他，而是意味着因地制宜，因教学制宜，因学生制宜——做到这三个"制宜"，其独特性自然显现。

在坚持以上三个原则的同时，我们的校园文化建设从三个层面展开。第一个层面，作为总设计师，我遵循教育规律和人的成长规律，按照学校育人目标，作好规划，把握整体。第二个层面，教师全员参与办公区文化设计。第三个层面，学生、家长充分参与班级文化的创造。所以，我们的办公室，除了有一个统一的文化标语——"我的工作我负责，我的工作请放心"之外，其他细节及元素，均由相关的教师共同设计；每一间教室也各不相同，尽显参与者的才智和想象力。在这个意义上，学校成为"我们的学校""每一个人的学校"。

坪洲小学正门

我的整个设计思想，就是要让人感觉到"开放"无处不在。有集体的空间——大家一起读书，一起玩耍，一起下棋，一起娱乐。但目前我觉得需要开放的还可以更多——如果我们有足够大的地方，还可以开辟一些私密的空间。让学校更具开放性，它恰恰就体现在对个人私密的包容和尊重上。比如小孩的悄悄话在哪里讲？我们只是把每个楼梯间、电梯旁都利用起来，放置小方桌、小石凳，不过大家还是很喜欢这样的小空间，我经常看到老师和家长在这里谈话、交流，经常看到学生们在这里窃窃私语、下棋、写作。

我曾经计划专门写一本有关校园文化建设、校园空间建设的书，但一直未能动笔，后来发动老师、学生一起编写了一本内部交流的书：《美在坪洲》，老师们自主选择图片、配文，学生也参与了内容的编写。这是我们的"纸上坪洲"。

在这个过程中，我更加体会到：校园文化建设要与学生认知相连，符合学生本性，满足学生需求，遵从学生在空间中的行为规律。我们要进一步建设积极空间，拓展弹性空间，扩大智慧空间。校园文化特色是优势、是品牌、是生命力，是一所学校精神风貌的集中反映，是学校办学特色和发展理念的具体体现。

神聚师心　立校之本

学校品牌形成的过程是学校文化形成的过程，绝不可能一蹴而就。其中，一个校长的格局、方向引领能力、人才观、人才管理方式、校际人际关系处理方式等，都起着至关重要的作用。怎么把老师们引领好，聚集所有人的力量来共建美好学校，是校长领导力中最为核心的因素。

我自认为还是很尊重人才、重视人才的。我从不会担心别人超过我，反而觉得如果他干得很好，我可以更轻松一点，学校发展会更快一些。做校长的必须有宽广的胸怀去接纳、尊重、包容人才。

真正做到尊重人才、悦纳人才，其实也挺难的。一些校长或学校高层领导，遵从的是"武大郎开店"原则，怕自己掌控不住"厉害的人"。于是，有人来了又很快选择离开。曾经跟过我的一位副校长，就曾有过此遭遇，可谓经历坎坷。

这位副校长，无论哪个方面，都是比较优秀的，全局观念强，敢于担当，是一个出色的、难得的副手。我们之前是同时竞聘去西乡的。我就任西乡街道中心小学校长，他在另一所学校任副校长。不知道为什么，他所在的学校在安排工作时并没有发挥他的优势，整整三年，没给他哪怕一次锻炼机会。也许上天总会垂爱正直、善良，愿意默默付出的人。镇教育办对校级领导干部岗位进行调整，我找领导商量：这样的人才，别人不用，我来用。于是，在西乡街道中心小学，他跟了我五年，能力得到尽情展示，可以说是在"开放式教育"的理念、方法体系中浸泡出来的。2018年，他终于有了引领一所新学校的机会，出任该校的校长，他第一时间打电话给我，请教新校办学的经验。

　　由此，我深深感受到：要有校长之才，才能干好副校长的活。一个人的才要高于岗位半格才能胜任，不是当了校长才有校长的才能。否则，既难为了下级，也难为了上级。培养干部是应该的，但不能让其担负与能力差距过大的责任，将不能胜任者放在重要岗位，不是培养而是折磨。有人只能挑80斤，却给了他100斤的重担，因此无法放开手脚。

　　对于学校管理，察之他人，反思自己，我也总结出了一些方法、途径：对校级管理人员，用道家的办法，"无为而治"；对中层管理干部，用儒家的思想，相信"人之初，性本善"；对基层教师，则用法家的方式，扬天性之善，避天性之恶。初来的人，尚未形成凝聚力，需严格管理；中层干部有了一定的基础，可基本信任；校级领导应发挥想象，给其自由。尽量把每一个人都放到最佳的位置上，这才是用人之道的核心。对那些优秀教师、优秀人才，无论有多忙，我都会亲自过问。这些方面我是毫不含糊的——你要用人，必须真正做到求贤若渴，决不能让人觉得他是可有可无的。

　　作为一位校长，最重要的能力之一就是处理好和老师之间的关系。在这方面，我自忖自己不是一个"温情脉脉"或"嘘寒问暖"的慈爱型领导。我有自己的原则，坚决做到远近有度、是非分明。我记得很清楚，我和到我们学校挂职的校长们讨论怎么处理"干群关系"时，我说要把握好三种距离。

　　第一种是"零距离"。即亲缘亲密关系，类似母子、夫妻之间的关系，校长与教师不可能是这种关系，校内人际关系也不可能达到这种程度。

　　第二种是"远距离"。校长和教师远远地观望——这样也不行。为什么？因为校长要听课、评课，要得到教师的接纳，如此才能了解教师的真实状态。远离课堂、远离教师，你是管不了学校的。

　　第三种是"等距离"。校长与每一位教师都应该是等距离的，没有亲疏之分，在这方面，我奉行的原则就是"你心中有工作，我心中有你"。我以工作来衡量每一个人，而不是以情感的亲疏来看一个人。

我一直主张在工作圈内不交朋友。客观地说，工作中也交不到真正意义上的朋友。作为校长，我认为跟单位的同事就是"业缘"关系。一旦这种业缘结束，也许就各奔东西。因此，我从不担心"人走茶凉"之说。事实上，我们应该接受并认同这个客观事实。

工作这么多年，我从来就没有什么"圈子"概念，也不属于任何核心圈，我觉得挺好的。我做校长这些年，一直认为，办好学校就是对社会的回报，主管部门、上级领导认同我的工作，给予我平台，我没有理由不做出业绩来。我一直和同事们保持这样一种纯粹的工作关系，彼此都很坦荡。

当然，那种为了提高业务水平的交往，是一校之长应该做好的，也是一个校长的思想引领能力、业务促进能力的具体体现。

我深知，我和很多校长的管理风格和做事风格有所不同，但这并不影响我的发展。我不需要迎合，只要你有能力，哪怕某些方面欠缺，都没关系，我有足够的耐性去引导你、改变你，大家形成共同的价值观，拧成一股绳往前走。

有个同事，是从其他学校调过来的，以前做德育主任，班组工作也做得很好。后来我让她当德育处副主任，负责带班主任。这位老师比较特别，平常从不会主动来找我，都是我去找她谈工作。逢年过节的时候，老师们一般都会发个祝福语什么的，她也不发。倒不是说我对此有看法，只是我觉得这样的常情问候都不在意，是不是太过拘谨，还是有什么放不开的？无论对于个人成长，还是对于教育教学工作来说，这都是不太有利的。

我了解到，这位老师已40岁出头，平时对自己的形象也不太重视，略显自卑。她初来乍到，我不想马上指出她的问题，让她以为我看不起她，况且我也有一个慢慢了解她的过程，我就想着在彼此熟悉之后，再想办法慢慢改变她。作为校长，要有心去帮一个人，改变一个人，总会有一些办法的。一个女性，建立自信最有效的办法是什么呢？我觉得就是改变自己的外在形象。

2018年的三八妇女节，我安排男性行政干部留守学校，自己带着几个女性行政干部去休闲放松半天。

我悄悄和其他几个女干部商量：这一次休闲的重点是帮助那位同事改变一下形象。我先找到她，问她愿不愿意和我们一起逛逛首饰店、服装城什么的，她说："行，校长。"

一个女性的形象重点在容貌、服饰、发式这几个方面，什么样的服饰搭配什么样的首饰，什么样的发式配什么样的衣服，是一门学问。我们一行人"浩浩荡荡"地先来到珠宝店。

这个店是我的一个朋友开的，因生病考虑关门大吉，各种东西都降价处理。原本价格都太过昂贵，我从来没带她们去过。没想到，我这个同事不但给她妈妈挑了一款和田玉作为生日礼物，还给自己挑了一块舒俱来石，以"防癌辟邪"。

然后，我们又一起"浩浩荡荡"地到服装店试衣服。我专门为她挑了一件风衣，让她试穿。真是"三分人才七分打扮"，穿上米色的风衣，她顿时风姿绰约，倍觉养眼。

我说："你看，是不是整个人的气质马上就变了？投资自己永远没有错。"她看着镜子中的自己，非常开心。其实买到的不仅仅是一件衣服，更重要的是一份心情。穿衣不在于贵贱，重要的是要找对选对，穿出自己的风格与个性。

那天晚上，她非要请大家吃饭。她笑着对我说："校长，您辛苦了！也谢谢大家陪我。"其实，那天不光是她一个人有收获，其他人也都满载而归。看到她这样，我自然很欣慰，表示同意她的决定，但也建议道："今天我们吃日本料理，为了瘦身，两个人吃一份就好了。"

一群"与美相约"的女同胞，又"浩浩荡荡"地奔赴日本料理店。晚餐后，我们又欢欢喜喜地看了一场电影。

那一天，无论对她还是对陪同的同事，当然也包括对我，都是难以忘怀的一天。

所以，我自认为我和很多校长的管理风格与做事风格有所不同，但这并不影响我以自己的方式取得成功。比如像我刚才讲的那位同事，她永远不会在我面前说客套话，但这不影响我对她的能力的肯定。

当然，在这个方面，校长的感召力很重要。有的校长，总说这个老师不肯干，那个老师不愿干。那你自己带头干了吗？你有没有给全体老师营造出一种一起加油干的"场"？这个"场"很重要，作为校长，你能营造出一个什么场？这个"场"是积极向上、充满活力的，还是随心所欲、养老

坪洲小学建校五周年庆典

院式的?

  2011年9月,坪洲小学刚开办,当时10个班,47名教师,平均年龄31岁,大多是年轻老师。他们是学校发展的源泉,只有他们发展好了,形成了一个以"正"治校、以"正"治教的教育"场",后来随着扩班慢慢进来的人,才会自觉不自觉地适应、融入这个"场",被这个"场"潜移默化地熏染。

  后来学校的发展,正如我所料。

  我们有个美术教师,是从外区外校调来的,刚来时很不适应我们的节奏和标准,教学也较懒散,当看到身边的美术老师个个有绝活,天天马不停蹄地奋进时,她开始研究开发"剪纸"课程,还编写了"剪纸"校本教材,她和学生的作品多次获得省、市大奖。我们教科院艺术中心主任、美术教研员对我说:"看来,你们学校是教师成长的大熔炉,是能改造人的,教师到你们那里都很奋进。"

  说"改造人",可能不是太准确、妥当。但学校确实有这个气场,它能影响人、改变人、塑造人,激发人的潜能,发挥人的优势,提升人的专业素养。

  几年下来,坪洲小学已扩大到48个班,2584名学生,152名教职工,一批批陆陆续续走进坪洲的教师，在这种"我的工作我负责，我的工作请放心""为自己的履历工作，为学生的未来播种"的学校"场"、教育"场"的无声陶冶下，奋力前行，携手同行，同时为学校赢得各级各类教育教学比赛的荣誉。

很多校长来我们学校，都觉得我们的老师两眼有神，精神振奋，一直追问原因。为此，我专门召开教师座谈会，主要是让老师们谈谈自己的感受，作一下总结，梳理出一些规律性的东西，这样也有助于大家、有助于学校的进一步发展。

老师们首先说是校长的原因，说我是他们的精神领袖。

他们知道我的性格，一些无实质性依据的夸赞和迎合，我不但不会接受，还会很反感。我相信他们说的心里话，但我纠正了他们的用词，我说："不要说什么精神领袖，算是'精神首席'吧。"

校长是老师们的"精神首席"，是我的信念。一个校长无论从业务水准上，还是精神状态上，一定要能经得起老师们的审视，一定要能经得起各种考验。你真正让人信服了，你的权威自然就树立起来了，凝聚力也自然增强了。如此一来，何愁师心不聚？

有一位语文老师，是 2012 年大学毕业时，我去面试招聘来的，不料分到了另外一所小学。那所学校其实也还不错，只是一次偶然的机会，她来我们学校听了一节课，并听了我的课后点评，马上就找到我说："我一定要在语文专业上向您学习。"2016 年，她如愿调来我们学校。来了以后，我发现她很能写——凤凰卫视还请她去做过评论嘉宾。我也一心想好好培养她。

更好地用人，更好地打造团队，首先，就是一定要坚持一些原则。比如我一直坚持我的用人立场：看重专业能力，选拔和重用都求真求实。有些学校为什么不行？其中一个原因就是校长觉得自己在人事调度方面有话语权、决定权，就任用一些有社会关系的人，或者亲近的人、有亲属关系的人。如此一来，其他老师心里会怎么想？你这样还管我，你自己怎么做的？这种不服气和背后的不满，对于一所学校的发展来说，是非常危险的。其次，就如我经常跟老师们说的：一枝独秀不是春，万紫千红春满园。校长要把所有人的潜在能力、工作积极性都发掘出来，大家齐心协力，才能推动学校的发展。

南下22年，深感粤籍教师朴实无华、为人厚道，但也有部分教师精神生活缺失，追求生活享乐；一些老教师职业倦怠滋生，不愿意适应学生的话语体系和思维方式，读不懂新时代学生。这些问题随着社会结构、经济结构和职业结构的急剧变化，已成为广大教师不可避免的困惑与挑战。要破解这些难题，关键还在于自身对专业认知的不断觉醒，自觉开启职业之旅。

未来的教师将打通学科教学、肩负学科整合的使命，成为融会贯通的多面手。因此，教师需要自觉追随孔子的"因材施教"、孟子的"言近旨远"、荀子的"谨顺其身"、韩愈的"教学相长"……学而知不足，教然后知困，思而得远虑。

没有人天生就是优秀教师。

很多时候，我们这群有志之士在一起相互扶持、相互影响，观摩一堂研究课，组织一次辩论赛，观看一场电影，品味一个阅读茶会，表演一段歌舞……持之以恒，才慢慢懂得了教师之道，教育之爱，慢慢感受到了职业的幸福，明白了教育的真谛。

生命配方　精进"开放"

自 2011 年创校，我们一步步探索，一步步发展，定位、变革、调整、提升。其中的艰辛与喜悦，也许只有我自己最清楚。

很多人会问：你一个新校长怎么去定位学校？我的回答是：以我的教育理解力，以我的教育经历，以我在西乡街道中心小学八年的校长经历。我们一开始的定位，我觉得还是有前瞻性的：办一所有灵魂的学校。

创校一年以后，我接受《南方日报》的采访，当时报道的标题就是"办一所有灵魂的学校"。我说的这个"灵魂"，体现在学校精神层面，体现在校容校貌等层面，更体现在教师们的一言一行中。当然，"办一所有灵魂的学校"这样的表述，只是一种言语定位，更重要的是怎么将其转化为办学方式、办学实践。

教育，说到底要以课堂为基本阵地，以学生的成长与发展为终极目标。我们的办学过程和变革行动，就是以课程建设为核心的。它既是为了构建完整的学校课程体系，也是为了寻找学校发展的重要突破口。

这和当时的教育大环境，即"新课程改革进入深水区"有关，也是学校作为创新主体的一种校本变革行动。基于"开放式教育"的理念，我提出了"配方"这个概念，于是"配方课程"应运而生。所谓"配方""配方课程",主要包含以下几个层面的含义。

首先,"配方"一词借喻于医学术语,在这个意义上,课程如中医给人配药方一样,需要"对症下药",即学生需要什么,就给他配什么样的课程——诸如成语大观园、绘本阅读、电影欣赏和英语话剧社等语言类课程,手风琴、拉丁舞、吉他等艺术类课程,健美操、跆拳道、羽毛球等健体类课程,葡萄酒酿造、厨艺展示、茶艺表演、机器人比赛等空间创意、生活类课程,从而对应、满足学生的兴趣和选择。

其次,"配方课程"需要学生和教师的双向"匹配"。我们最开始也就是第一年实施的"配方课程"只有48门,有些课程,是根据学生的个性需求开设的,如插花、泥塑、茶艺等;有些课程,是教师基于自己的特长开设的,如剪纸、青花线描、趣味数学等;有些课程,则是师生共同开发的,它们多为学科的延伸。所有这些课程,又都是向所有学生开放的,学生可以自主选课走班。

再次,"配方课程"在设置上,与我们"培养有德行、有智慧、有情趣、有气质的现代公民"的育人目标相匹配。例如"孔子小学堂""走进客家文化""日行七善""每日十会"等就是为培养学生的"德行"而设置的;创意DIY、电子报刊、趣味数学、智力七巧板、围棋等属于"智慧"课程;少儿英文歌曲、趣味剪贴画、花艺、茶艺等课程旨在培养"情趣";艺体方面,少儿舞蹈、混声合唱、爵士鼓、健美操等课程旨在培养学生的气质。

最后,"配方"的思想,是与我一贯主张的"开放式教育"理念一脉相承的。"配方课程",也是"开放"的课程。诚如上文提到的,所有课程的实施都是完全开放的,由学生自主选择。同时,课程的设置也是开放的,我们充分利用各种社会资源,请有专长的社会人士以"教育义工"的身份到学校来开课;有的课程,像软笔书法、中国象棋等,由本校教师和校外义工共同实施;有的则是家长的"配方",如亲子城堡、十字绣、手工编织等,如家长石海平先生对《易经》颇有研究,他根据我们"地理园"中的"后天八卦图",开发了浅显易懂的"周易"课程。

我们的"配方课程"完全是常规化、动态化的:每周的星期二、星期四下午第三节是"配方课程"的活动时间,星期五整个下午则都是"配方"活动。历经八年,至今我们的"配方课程"已达到94门。学生的选择权越大,自由度越大,个性发展的空间就越大,思维发展的可能性就越多。

十年树木,百年树人。在小学阶段,我们很难判断这些课程对孩子的长远影响。也就是说在短期内,我们看不到它的显性影响。但我坚信,它们将在所有孩子的生命中,潜移默化地发挥积极作用。话说回来,教育效果有时也立竿见影。我想起了曾在全国引起巨大反响的湖南卫视《小戏骨》栏目拍摄的《红楼梦》,想起了在其中饰演贾元春一角的陈舒宜。对于陈舒宜的表演,观众的评价是:"炸裂演技。""……梨花带雨倾城色。""几个眼神,不说话,就能看哭。"当时很多媒体采访陈舒宜,她骄傲地说,自己的演技主要得益于坪洲小学的"配方课程"。

陈舒宜在坪洲小学的六年时间里,先后选修了三门"配方课程":一、二年级是"健美操"课程——我们学校的健美操项目多次获得全国及全省大赛冠军;三、四年级是"韵之声"合唱团;五、六年级是英语话剧课程,指导老师非常喜欢她,觉得她不但台风很好,眼睛还会说话,就加以细心指导。正是在这些"配方课程"的浸染下,陈舒宜从一个腼腆内向的小女孩,成长为勇于展示自己的"小戏骨"。

舒宜毕业后,她的父亲曾带她回母校,我才得以了解她的家庭状况。原来在她上四年级时父母就已离婚,母亲离开了深圳,父亲四处奔波,她的五、六年级是在姑姑家度过的。我完全没有想到,小舒宜经历过这些家庭变故,在坪洲小学,她可是满满幸福的样子,是学校的金牌主持人。我相信,是学校教育的力量,给予了她坚强、阳光和自信。

小学毕业后的陈舒宜同学回母校看望老师

让人欣慰的是,因舒宜"出道"成功,父母和好如初。据说,舒宜所在的剧组还给她母亲安排了一份工作,父亲成了她的"经纪人"。愿她的未来,像芙蓉花一样,"临水枝枝映晓妆"。

坪洲小学的孩子有这样的成绩,我自然感到很自豪,但我更为幸福的,不是孩子一时能在全国出名出彩,而是我们的课程,真的可以让每个孩子身上的闪光点展现出来,并为未来的发展奠定基础。

孩子可以在很早的时候,找到自己的兴趣所在,拥有自己的主动权、选择权、发展权,这是"配方课程"的价值所在,更是我一直追寻的"开放式教育"所要达成的目标——让童年的底色更丰富,为生命的不断丰富创造更多可能。

张云鹰和学生一起认识中草药材、研究中医课程

在具体的实施过程中,我们建立了相关制度,确保课程实施的质量和效果。

首先,我们有"配方课程"的准入制度。老师或家长申请开设一门课程,需要提供有关课程目标、课程内容、课程评价、招生范围、所需课时、实施策略、保障措施等资料,还要举行"配方课程论证会",申请者先进行陈述,再接受学校专门设立的"配方课程专家委员会"的"质疑问难",负责评审的专家综合各种情况予以评分。经过这一系列评估并达到相关要求,该"配方课程"方可进入实施环节。

其次，严格实行选课走班制度。我们希望把所有的"配方课程"都作为真正的课程来做，而不仅仅是一个个比赛、一次次活动。有些技能是不需要比赛的，其目的在于为人的终身发展奠基。比如茶艺比什么呢？学生有这个兴趣，我们就提供学习、尝试的机会。还有"我们的故事王国"、小主持人、国际象棋、泥塑等课程，都是为了培养学生的综合素质，为了满足学生个性发展的需求。

如何落实这个目标？一是提供专门的场所：一楼为文化专区，二楼为书画专区，三楼为棋艺、陶艺专区，四楼为琴艺、花艺、茶艺专区，五楼为科技专区，体育馆和"风雨操场"为运动健体专区，书韵园、竹节园、桂香园、兰馨园为排练表演、观察写生、动手实验专区。二是有专人负责课程的组织和实施，严格按照课程方案、课程纲要来做，并做详细考勤记录，进行过程性巡视。三是允许学生在参与的过程中，根据自身喜好和特长作适当调整。比如有的学生先选择的是"小天使英语"，经过尝试，感觉不太合适，就转入"小小金话筒"，也有的从"玩转数学"转入"写生画"，由"创意机器人"转入"神奇的叶子"。其中"少儿羽毛球""健身韵律操"项目申请的人过多，我们根据教师、场地等情况作适度调整。同时，我们也根据实施情况确定了一批精品课程，比如语文活动课程，充分发挥其学科之母的作用，开发了"四季颂歌""汉字趣说""古诗派对""学做小主播""我是家乡小导游""语言修辞美容""学做广告"等课程。我们还着力培养和引进"明星教师"。特别是体育和艺术课程，如健美操、羽毛球、爵士鼓、吉他等，有了"明星教师"，才可能有突破性进展。

再次，把握好"配方课程"的考核关。一是实行"配方课程学业证书"制。学校设计、制作"配方课程学业证书"，发给每一位学生，用以评价其"配方课程"的学习情况，促进其自主发展。二是举办"校园八节"以检阅成果。检阅指标与学校育人目标相匹配，即"培养有德行、有智慧、有情趣、有气质的现代公民"紧密结合起来：3月"踏青节"、9月"雏鹰节"重在检阅"有德行"，4月"健美节"、11月"悦读节"重在检阅"有情趣"，5月"超人节"、10月"观察节"重在检阅"有智慧"，6月"秀秀节"、12月"狂欢节"重在检阅"有气质"。三是期末进行"配方课程"项目总评。每学期期末，学校"配方课程"考评小组对每个"配方课程"项目进行现场考核评分，结合平时的教学常规检查、课程及教材设计、学生参赛获奖等情况，综合评定优秀项目及主持人。

美国匹兹堡市普朗姆学区教育局局长 Timothy S.Glasspool 博士一行参观考察配方课程

我希望我们的课程能更加贴近学生的需求，能做得更实一些，能更好地服务学生的学习与成长。

课程领导力是学校领导力的重要方面。不断提高课程设计与实施的能力、效果，也是我们的共同目标。在应试教育深入人心的环境下，如何让那些在传统的"分数"为主的评价中被边缘化的儿童发现自己的优势和长项，重塑自信，不断发展，也是我提出并研发"配方课程"的初衷。

国际对话　内外交流

作为"开放式教育"的首倡者、研究者和践行者，我的"开放"，体现在方方面面，其中包括"国际对话"，既"读万卷书"，又"行万里路"。人生犹如大树，旅行是生命枝条的伸展。行得越远，对人生的领悟就越深刻，对自己所坚守的理想信念也会越来越执著。

我记忆最深刻的，就是2015年的英国之行。

英国之所以能再次吸引我远渡重洋，不仅仅是因为它曾是称霸世界的大不列颠强国，更重要的是它每每都让我怦然心动，剑桥的潺潺流水、牛津的文人雕塑、莎翁小镇的诵读、苏格兰的风情、巴斯罗马的历史以及大英博物馆、歌剧魅影……犹如与情人的会晤，感慨此情，绵绵不变。

2015年冬的最后一天，我有幸作为广东省中小学校长"国际视野下'课程领导力'提升"的深度跟岗学员，赴英国诺丁汉大学参加培训学习，这是我第一次的海外教育考察。此前数次出国，均是自费研学，这是唯一的一次因公游学。整整三周的时间，聆听英国顶级教授的报告、与英国的校长同行面对面交流，还走进了英国的中小学校，打开了观察、了解英国基础教育的一扇窗，呼吸到更为新鲜的教育空气。

在英国的日子，一直萦绕在我脑海的是一幅生动的画面：

一棵冬天的枯树上，悬挂着一个旧了的轮胎，一个四五岁的金发小女孩脚踏着这个轮胎，双手抓着尼龙绳，满脸的稚气，笑望着天空，一个人自由自在地荡来荡去……好不惬意！旁边的教室里，30多个差不多大小的孩子，在两个老师的照看下，三五成群，专心致志，做着自己喜欢的事儿：有的用泥塑捏小人，有的用五彩蜡笔画画，有的搭着自己的积木世界，有的戴着小塑料帽玩沙盘，有的围着一个小兜兜一边戏水一边模拟洗衣服，有的用数字卡片做数学游戏，有的在电脑前看动画片，有的趴在地上用平板电脑听英语词汇，还有个小朋友躲在一个帐篷里喂养他可爱的小白兔……

我好奇地问一个老师："外面还有一个女孩在荡秋千，没有人照看，你们不担心？不会有安全问题吗？"她微笑着作答："她一个人高兴，怎样都没问题的，开心就好。"

花儿总是在无人知晓的时候自由绽放。待我走出教室，居然看到一个路过的老师，故意大力地推了小女孩一把，让她荡得更高，引来孩子一串银铃般的笑声。

这就是我走访的第一所小学：Welbeck Primary School，有348名学生，他们来自29个国家（其中53%的学生母语不是英语），是名副其实的国际学校。

那个荡秋千的小女孩是学前班的孩子。Carol Norman在这所学校已经当了25年的校长，之前她在加拿大和英国伦敦的学校当了三年校长。她的每一条皱纹都洋溢着欢笑。感谢Carol Norman校长的热情好客，我得以在校园里自由浏览、自由穿梭。这让我更加坚信：学校办得好不好，取决于坐在"校长室"里的那个人。

当我漫步在两边挂满形形色

张云鹰与英国校长交流

色的学生作品的教室廊道时，无意间发现了一幅秋天落日的图画，感觉就是学生的英语习作。找来翻译小叶一问，果然是一篇创意作文。老师要求围绕"秋天"的主题作画并写诗或赋文，要求使用明喻、暗喻、拟人等修辞手法。我看到的这幅画，学生配了一首诗，题目是"我是秋天"，大意是："全世界范围内的夏天都过去了，我取代了夏天的位置；我将用我的艺术风格，给秋天的天空填色，就像毕加索的画一样；光秃秃的树枝，每天都沾满了露水，我要这些叶子落在地面，洒向人间。我是秋天。"

我多年来致力于探索"开放式教育"理念下的"开放式作文"，总结、梳理了九种范式，其中一种叫"剪贴画作文"，不就是这样子吗？我很是高兴，真是"英雄所见略同"！

阅读也是英国孩子的必修课，并且，他们通过各个学科来强化母语学习，也就是说，每个学科都承担了母语教育的任务。每堂课结束后，学生都会自觉拿出不同内容的读物，很多都是大部头。

我听了一堂美术课：学生先回忆曾经阅读过的故事，再根据故事画出自己喜欢且印象深刻的某个场景。有的画了主人公相遇结婚的场面，有的画了小孩在阴冷雨天奔跑的场景……孩子们把文字、故事变成了一幅幅美丽的画面。

这不就是我追求的"开放式教学"意义上的学科整合吗？

英国的小学课程除了英语、数学，最重要的莫过于科学了。那么，对基督教保持信仰、"给每个孩子提供平等机会"并已通过国家标准局评定的"卓越"教会小学，是如何对待科学课的？我作了有目的的考察。

这是一堂四年级的物理课，没有铃声，没有"起立""老师好"。只见教师将大把的导电电线、电源、电键、电池、正负发光器等教具放在地上，孩子们随意拿上一条、两条或者三条接线柱，三五成群地拨弄。我观察着身边的两个小男孩，他们小心地用鳄鱼夹接电源线，可是小灯泡就是不亮。突然，旁边响起了欢快的呐喊声，原来有个三人小组将小灯泡点亮了。

"他们是怎么做到的呢？"老师说，"大家可以去观摩下。"可是我发现，居然没有人离开自己的位置，仍旧自顾自地摆弄着。老师在各小组间不停穿梭。有的小组在老师的指导下，终于让灯泡发出了亮光，孩子们兴奋得跳起来，老师也情不自禁地哼起了小曲儿。

我旁边的这两个小男孩,一直没有成功,四个灯泡都不亮。我说:"请老师过来指导指导?"一个小男孩摇摇头说:"我们还要尝试其他的方法。"我示意老师过来瞧瞧。老师轻描淡写地瞄了一眼,并不直接对那两个孩子说,而是面向其他孩子,自言自语道:"有的孩子急于求成,同时连接四个灯泡,电量有限,可能承受不了啰。"我注意到,其中一个男孩似乎恍然大悟,又拿来了一条电线,不一会儿,两组灯泡都亮了,两个孩子终于露出了满意的笑容。整堂课,教室里吵吵闹闹的,每个孩子都不停地动手操作,尝试着不同的方法,直至每个灯泡都亮了起来。

时间一分一秒地过去,一个小时快到了,大家不知疲倦,完全沉浸在探究之中。最后,老师要求孩子们把自己手中的电源线都摆在地上,然后把每一组灯泡都串连起来,再关上教室的灯。最激动人心的时刻到了——当老师接上电源,整个教室顿时亮了。

老师点亮的不仅是教室,还是孩子们的求知欲望,以及我这个观察者的眼睛。这就是我所理解并努力探求的"学起于悦,活而有序"的课堂。

课后,我跟 Nicola Beattre 老师交流,告诉她:"我很喜欢这种课的感觉。这堂物理课,您还没有教,学生就在自己的动手操作和尝试中学会了。您一定很有成就感吧?"她幽默地答道:"不,我是数学教师。"哦,这才是真正的全科教师。

不同的国家体制孕育不同的文化,不同的文化产生不同的教育。应该说,中英教育各自培养人才的模式大抵符合各自的国情。英国重在培养创造性和实践性人才,强调培养合作意识,注意鼓励学生在实践中发现问题、解决问题;中国目前的教育主要还在为"加工业"服务,人才的竞争停留在知识与学历上,因此,重在知识的传授与梳理。像这样的物理课或科学课,一般情况

和英国小学生一起学习

下，教师先讲原理，教其程序，再讲注意事项，学生的好奇心、创造性难免被抑制。

对外交流的所见所闻，对我的办学思路、教育理念的启发，其价值和意义真是难以言述。

2006年，我第一次去美国，我把美国当成一座城市去阅读。美国的城市是一本哲学的书。其功能定位明确，"体用"关系协调。如美国首都华盛顿，这个城市像是在田间耕作的山姆大叔，几百年来没有什么变化，幽静、从容，又透出威严与神圣。整个城市布局合理，整齐划一，巍峨壮丽的国会大厦是城市的重心，体现着"立法为本"的治国思想。不起眼的白宫，是"国家公仆"的住宅，具有联邦共和制的"简朴"。华盛顿最引人注目的城市特色是历史与现实的融合，如纪念碑多、铜像多、雕塑多。此外，文化机构林立，街头处处可见各种科研文化机构，如国会图书馆、国立美术馆、自然博物馆、宇宙博物馆等，它们都免费开放，为本国公民和世界各国的游客提供参观学习的机会。

美国的城市是一本经济学的书。从表面上看，美国城市社会不是由政治权威主宰的，因为政府的作用主要是制定政策、法律，履行的是受人们监督的高效管理职责，各种税收潜藏在一切社会人群、市场化的自觉的经济行为之中。也就是说，城市社会发展靠价值规律、经济规律支配，而不是靠政治权威去推动。政治权威与市场经济不是混为一体，而是各有一定的独立性。有着"世界金融之都"称誉的纽约，既是美国展示国家形象的橱窗，又是联合国总部的所在地，曼哈顿的高楼林立、第五大道的时尚魅力、华尔街的资本风景、金融商贸的高度繁华等，是世界各国政治家、商界巨子、淘金者和探险家们智慧的结晶。正如纽约博物馆所介绍的："纽约是一个大苹果，不管是白人还是黑人，不管是富人还是穷人，不管是企业家还是流浪汉，都想来尝一尝。"几百年来，纽约一直是寻梦者的向往之地。有人说纽约是天堂，也是地狱。阅读纽约，就像是在阅读一本永远读不完的政治经济学的书。

美国的城市是一本教育学的书。美国的每个城市都有高水平的大学，高水平的教育。旧金山的斯坦福大学就是城市的支撑点，享有"西部哈佛"的盛誉。"硅谷"的兴起，斯坦福大学起到了举足轻重的作用。旧金山的伯克利城是世界上最著名的大学城之一。加州大学的伯克利分校是美国乃至世界一流的学府，已有 15 名诺贝尔奖获得者。"腹有诗书气自华"，阅读美国城市，我终于悟出了美国市民举止端庄、行为高雅的缘故。我在机场候机室里，看到安静的男男女女、老老少少，像是我们的学生忙于准备考试一样，手捧一本厚厚的书，认真阅读着，还有人在埋头上网，博览科技知识。在这里，我仿佛置身于书香飘逸的校园，好生感动，并情不自禁地拍下他们潜心阅读的神情。我看他们的阅读并非为了消遣，而是为了满足精神的需求，是一种愉悦的精神劳作。自觉阅读成了美国城市人的生活方式。

美国的城市是一本美学的书。美国城市的布局结构，恰到好处地体现了古典美和现代美的融合。古典的教堂和高科技的现代建筑给人以视觉冲击。曼哈顿、旧金山等城市的历史街区不仅保存完好，而且不断修缮，重现昔日的辉煌。在圣何塞市的旧城重建中，为保护一座 1920 年的优秀建筑，政府不惜斥巨资将它平移了 200 多米。占尽天地精华的度假胜地夏威夷，有碧蓝的大海、金色的沙滩、茂密的雨林、雅致的别墅，使各国游客流连忘返。美国城市有很强的绿化意识，所种植的植物品种多且搭配和谐；更注重保护生态环境，相当一部分公园呈自然状态；很注重美化市容市貌，如旧金山沿街的建筑每年必粉刷一次，保证清新如初；路灯造型优雅美观，高大建筑和中心街区夜景绚丽多彩。绿化、美化、亮化的和谐统一，使城市充满生机与活力，体现的是真善美，是环保的意识，是绿色的文明。

美国的城市还是一本个性化的书。洛杉矶，这个依山傍海的美国西海岸之都，像是一个没有市中心又似乎哪里都是市中心的全美第二大城市。它的布局独具一格，由大大小小 70 多个城镇街区组成。因此，洛杉矶被地理学家称为"城镇群组合体"。它还有世界第一流的游乐场——迪士

把美国城市当作一本书来阅读

与香港联盟学校校长签订合约

尼乐园，以及号称"世界影都"的好莱坞。每个人以自己的个性与能力生存于世，美国城市各自的个性与功能亦非常明显。金融城市如纽约、工业城市如芝加哥、文化城市如洛杉矶、教育城市如波士顿、旅游城市如夏威夷，加之现代科技成为美国城市发展的亮点与支撑，故有许许多多的科技城市涌现，它们以开放、高效、民主、创新的共性和突出的个性特征，彰显出以人为本的城市精神。

当然，我也注重和各地的教育同行作广泛深入的交流，并从中获取新的启迪，便于取众家之长，不断优化办学、教学、管理的方式方法。

比如，与我们建立联盟关系的香港商会温浩根小学，是一所享受特区政府津贴的全日制小学（香港学校办学类型多元，有官办、私立、津贴、直资等）。我们所有行政干部与教师都分批前往该校交流，学习其浸润式分层教学、主题式英文教学的读写结合、户外式潜能实践自主体验等。香港教师平均每周要上 20~30 节课，还要承担各种综合辅导课以及补课任务，常常是跨学科跨年级教课，作业都是待学生放学后才有时间批改。有限的办公空间里，作业被塞得满满的。老师们安于这种忙碌而平凡的生活，喜于这种紧张而充实的状态，没有抱怨，只有享受。

我也曾两度赴台湾作教育考察与交流，台湾的学者也曾走进坪洲校园。众所周知，海峡两岸传承的是一样的文化，但他们的儒雅风范、谦恭气质却是我们缺失的。台湾之行让我刻骨铭心的不是教授们娓娓道来的精彩讲座，也不是老师们随性自由的课堂教学，而是所到之处见到的组织者或主持人，在见面的第一时间里均能依据来访者的身份、来访者此行的目的，吟诗作赋，真是出口成章，让人敬佩。

他们的教育理念，更注重古今中外的结合，兼容东西方文明，更注重学生品格力和生活力的培育。从教育的开放角度来看，他们的"世界橱窗"课程值得我们学习，每月一个国家，向学生展示各种异域风情。

八年探索　价值彰显

人生每一次重要的选择，都像是开启一扇未知的大门。如果说第一段八年校长的经历已经开启了成功之门，那么，这又一个八年，在这条来了又去、去了又来的人生道路上，便只有按着自己的轨迹去走。

走进坪洲小学的第一天，看着一所还没有校门、没有员工的学校，内心不焦虑那是骗人的，但身为校长，让学校的人气指数提升是我暗暗发的誓言。八年过去，凡走进我们学校的人，没有人相信这是一所创建仅仅八年的学校。短短的八年，这里一年更比一年好。

有一次，"焦作市基础教育管理干部教育领导力提升高级研修班"在坪洲小学拉开帷幕，我作了《创开放式教育，办有灵魂学校》的主题报告。报告之后，我有一个多年的习惯，就是留出10～20分钟与大家互动。

那天很尴尬，大家都沉默不语。带队的焦作市教育局白战海局长接过话筒："一路走来，我对这个学校的印象最深。为什么大家不说了？是因为我们的张校长太能说了。为什么太能说了？因为她是发自肺腑地说。一枝一叶总关情。她说的全部都是她思想的折射，每片叶子都闪烁着湖湘文化人的光芒。听她侃侃而谈，不断跟随她的描述，进入她的思想境界，分享她的改革成果……我们作为教育人,要像张校长一样有文学的光芒、人性的光辉,所有的魅力变成她身后的团队的光辉。最后我建议,根据张校长今天讲的,然后对照一下你的理念是什么,回去后进行完善提升,把自己的校园建设得更富有文化,更有个性……我们很多人搞科研是机械的,就是拿几本书看看怎么做课题,课题报告怎么写,其实不是这样的。科研的魅力体现在它的科学性、教育性、文化性,像张校长的'开放式教育',深深地包含在这个校园作品之中。我一看她的书,就知道这本书是这个学校师生智慧的结晶。我建议大家回去后翻一翻、看一看,好好地读读,进一步消化、学习……"

国际友人参观坪洲小学

坪洲小学接待过美国、英国等国家以及杭州、南京、大连等教育发达地区的教育局局长,但这次是让我最感动的,一个经济欠发达地区的教育行政部门的领导,能如此理解"开放式教育",如此理解我的所思所想所做,真的是非常可贵。其实这不仅是对我的赞许,更是认可了开放式教育的发展路径。

这八年,我外出讲学或给来坪洲小学学习、挂职的同行所作的各种讲座有几百场,按我儿子的说法是:"你外出讲课,不要想着是去挣讲课费,这样的话来回奔波就不值得,而是要觉得是去传播教育思想,做个当代孔子!"

虽说是戏言，但被需要总是幸福的，体现了自己的价值所在。

四处讲课，总是累的，但能碰到一些感人的事，一切旅途劳顿就烟消云散了。

有次在南京讲课，结束后一个中年男子急匆匆地跑上讲台，认真询问了一些家庭教育的问题。我很奇怪，我讲的是学校教育啊！原来他是一名学生家长，我问他为什么来听课，他说看到剧院外面挂着"欢迎著名特级教师张云鹰莅临讲学"的信息，就主动来听课了。这让我不无感慨，并尽己所能解答他的疑问。

也深深记得在"黄冈论坛"上的那次报告。因黄冈无法直飞深圳，必须到武汉登机。正值星期天，按常理，承办单位派个司机送我去机场就可以了，谁知来的是当地教育局的副局长。我很不好意思，他却谦虚地说："我是特意来送你的，专家来一趟不容易，借此机会，我还要在车上请教你一些问题呢。"

一路上，我们围绕教师专业发展的问题深入探讨，相谈甚欢。此类记忆犹新的小故事，不胜枚举，多是有意无意间发生的。

全国中小学核心素养下教学改革高级研修班在坪洲小学举行

也有人认为，校长外出讲课会影响本职工作，对校长行踪的管理应该更加严格。我一直坚持周一至周五在学校"严防死守"，而周末及寒暑假可以好好地自由发挥，讲学、阅读、写作、购物、旅游。据有人计算，人即使活到 80 岁，真正能用的时间不过 9.5 年，睡觉用去 27 年，周末占了 22 年，日常起居占了 7 年，正常交通占了 5 年，假日占了 7 年，娱乐占了 2.5 年。如此看来，真的要"只争朝夕"了。

况且，校长需要有演讲力，演讲具有"使人知，使人信，使人动，使人激，使人乐"的功能。教师也应该如此，不仅要立德、立业，也要立言。我们学校就设有名为"洲际视野"的论坛，为教师创造学会演讲的机会和平台；每周有教师读书分享、管理干部智慧分享；每月有"小课题研究心得"交流、"班主任管理谋略"交流；每学期有"学科组建设攻略"分享、"年级组管理考核"活动等。所有这些，都有助于教师练就"出场""上台"的本领。

我常说，不同的学校就像是不同的家庭，每所学校过的都是不同的日子。我首先坚持自己带着某种信念过好每一天，从而去带动每一位教师，自觉地积极影响每一位学生。

常常有人问我："你要管理一所学校，又要上课讲学，还要出书立传，你的时间是怎样分配的？"

上天对每个人最公平的地方就是"时间"。那么我是怎么安排时间的呢？

大年三十，我在阅读，读到尽兴时，如果是熟悉的作者，就写一些感言，和祝福一起发给对方作为新年礼物。"十一"假期，整整七天，足不出户，一心写作，有时写到最后会腿脚发麻，晚上睡觉都会痛醒——包括写这本书也是如此。

记得到英国诺丁汉大学参加培训那次，每天下午四点半就下课了，因语言障碍无法看懂当地电视新闻，我就利用这段时间，补充、修改《开放式教育》一书的第二版。住同一个房间的校长邓华香看到我每天写作六七个小时，感慨道："原来名校长是这样练就的啊！"不过我也不安，因为我的缘故，她在观看事先下载好的电视剧时，只能是"小心翼翼"了。

这八年，我的《开放式教育》《开放式阅读教学》《开放式作文教学》《开放式活动课程》四本书都陆续出了第二版，还跟老师们一起完成了《开放式配方课程》一书。这些书均由教育科学出版社出版发行，并被广东省第二师范学院网络教育学院开发成线上课程，供全省校长、教师继续教育选课使用。

张云鹰"开放式教育"系列著作

一分耕耘一分收获。也有人说，耕耘未必有收获，但不耕耘一定没有收获。这是颠扑不破的真理。

13年前，我还在西乡街道中心小学的时候，参加了广东省特级教师的评审。尽管我自信在语文教学上毫不逊色，但因所在学校没有优势，担心评委一看是农村的小学，会轻视学校校长，加之校长只有20%的名额，我对评审结果很是担心。

平静下来之后，我就想，还是把我的经历和能力如实说出，结果如何，就由评委来评估吧。于是我写了近万言的个人自述，包括在语文教学研究、实践方面的经历，加上其他的申报材料，如发表的论文、出版的图书、上课的录像、编写的教材、听课的笔记等，整整一箱。后来还是广东省教育厅人事处直接打电话给我，让我去取回这些材料的。

2006年，我顺利评上了四年一届的"广东省特级教师"，成为宝安区第一个本土特级教师；也进入了教育厅有关领导的视线，他们没有想到，一个基层的校长有如此丰富的教学研究与实践。2013年，中小学教师有了参评正高的机会，经参评，我又成为广东省首个小学语文正高级教师。

一位省厅领导告诉我："张校长，你知道吗，你的正高级教师答辩，是所有中小学参评教师中，唯一的一个所有评委全给打A的。"评委有9人，因为是首次评审，清一色的高校教授、学术权威，多是院长或系主任。能得到他们的认可，我自然是很高兴的，数十年在语文教学上的研究与实践，不弃不离，水到渠成。后来，作为评委之一的张燕教授联系到我，邀我去给她的学员讲课。她还把我的《开放式活动课程》一书作为高校讲课的教材，并聘我做广东省语文教学研究会理事。

在深圳市基础教育领域,我拥有几个第一:第一个正高级职称校长;第一个"深圳市教书育人模范";第一个获得国家级成果奖的校长;第一个也是唯一登上《人民教育》杂志封面的人……2015年,我很荣幸地获评教育界唯一的"广东省劳动模范"。

2015年,张云鹰荣获"广东省劳动模范"荣誉称号

两所学校,两个八年叠加,16年的校长经历,这是我在职业生涯的初期没有预设的。

我靠着天赋、环境与努力,在政府规定的任期内,让两所学校呈现不同的风景。尽管我还没有离开坪洲小学,离退休还有最后一届,但总有告别的时候,我想我是为后任校长打下了可持续发展的良好基础。

看到林建华校长的告别演说《永远的北大》,我深有感触。每一个人都有职场谢幕的时刻,虽说"亢龙有悔",但能青春无悔、无愧于心,便是幸事。

也许是因为离职场的终点越来越近,难免会担忧一些事情,比如,当年

上海女校长走进坪洲小学

我离开西乡街道中心小学后,整整八年了,从未回去看看。因为很多事情,你有着良善的初衷,但被如何解读,真的要交给世事人心。

眼前的这所坪洲小学,作为创校校长,我将它视为自己的"孩子",精心抚育,细细栽培。我真的希望离任之后,它能得到更好的发展。

八年前,我选用《易经》"蒙卦"和"同人卦"中的两个爻辞作为校训,就是希望它能永远传承下去,就像清华大学的校训"自强不息,厚德载物"一样,选用的是《易经》"乾卦"与"坤卦"的两个爻辞。不管谁来接任校长,学校的校训不变,学校的精神之魂就会永存。

"开放式教育"的核心思想是"开放":面向未来的开放的观念、拓展延伸的开放的管理、个性多元的开放的课程、渠道多样的开放的评价、胸怀宽广的开放的文化,其中,"开放的文化"是核心。一种文化造就一种思想。

我真的希望,在我离开后,"开放"依然是坪洲人追逐自我价值的外在形态和创新内核;"开放"永远是坪洲教育人心中最明亮的灯塔。人总是靠希望活着,即使是很小的希望。当然,这种希望不是我可以控制的,即使失望了,但曾经存在过、努力过,足矣。

1981 年 7 月,我被分配到湖南怀化地区溆浦新坪中学任教初中语文;30 年后,2011 年 7 月,我担任深圳市宝安区坪洲小学的校长。一个"坪"字,串起了我从职业的起点到几乎是职业生涯终点的人生。未来,还有什么"坪"?

谁让我叫"云鹰"呢!"坪筑杏坛传演经史诗云,洲立学府培育才俊雏鹰。"这似乎是我人生事业的轮回,是教育梦想的轮回。

太阳每天都是新的。也许,我的教育版图还会发生新的改变,我的教育人生还有精彩的一页等待揭开。我企盼着,新的奇迹的发生。

"也许,我的教育版图还会发生新的改变,我的教育人生还有精彩的一页等待揭开……"(张云鹰)

后记

冷言暖世

一

天命之年，无论职业生涯，还是人生之路，都经历了太多事情，尝尽了人间滋味。写一本烙刻着自己每一步印记的书，把教育人生中的一些经验和有趣的故事分享给别人，也为自己保存一份记忆，是我近几年挥之不去的一个念头。

在繁忙的工作中，这件事情被搁置再搁置。

有一次，和著名教育学者张文质先生闲谈，他无意中说起，想用第一人称书写自己的口述史，并阐述了校长口述史的价值与意义。他说，人生就是要不断回望和重新理解，不断从经历中去生发它对你生命的意义，就是以你今天的视角去看，童年、青年是如何一步步走过来的，所有的人和事都是有血有肉的、立体的。经历的背后，有一种启迪性。也就是说，一个人所取得的成就，是由两个因素决定的：一个是遗传所带来的天分，另一个是自身在不断的经历中所悟到的东西。所以，这样的书，别人看完以后，会得到某种启示：在同样的境遇下，我会怎么选择？在相似的环境里，我如何激发自我？……

写这样一本类似口语化的书，当然绝不是"口述"那么简单。它能给人启迪，能够给那些在教育之路上迷茫的人点一盏微弱的灯，指引前行的路，这是我期盼的。时代在变化，人们的思想观念在不断更新，或许 1.0 版本的经验不再适应 3.0 版本的环境，那也没关系，读者们能从故事里得到某种慰藉，能看到我们这代人的生命痕迹，甚至把这些故事当作茶余饭后的谈资，也行。

与此同时，我想，借这本书给自己一个交代，给儿孙们一个交代，也是十分珍贵的。我希望在之后的岁月，我能够凭借它，更为细节化地回顾生命中的一个个人，一桩桩曾经经历的事；我希望我的儿孙们，能够在捧起这本书时，感受到他们的亲人曾经如此活过，曾经如此精彩过，并以此励志，为此自豪。

事实上，它还要承担家谱的重责，从我开始，把"张家"延绵不绝地写下去。我儿子是有写作天赋的，待他天命之年，也会用文字为自己记录。如此，世世代代传承下去，应该可以树立我们"张家"的"家风"。

二

我的这段生命历程，平心而论，很纯粹、很干净，没有什么杂念。我没有兄弟姐妹，父母去世后，也没有那种庞大的家庭人际关系要处理。我的工作圈、生活圈都很清晰，除了少有的公务应酬，再没有什么别的人情杂念。我很享受这样的生活。我活得很自在，很洒脱，除了工作，就是读书、写作、旅游、看电影，若有空闲，就和一些志趣相投的朋友一起喝喝茶、聊聊天、品品画。更多的时候，我喜欢一个人独处，我从来没有觉得孤独、寂寞、无聊。

决定写这本书的时候，我一直在纠结：我是否应该暴露自己的出身隐私，会不会因此而损害自己的形象？是否应该保留一块自留地？……这种内心的斗争，最终在占卜出预示"吉"的卦象后获得了平衡。

我是被父母抱养的这件事情，儿子是什么时候察觉到的，我不得而知，他在国内读完高二准备出国留学的前夕，有一天突然问我："妈妈，我感觉好奇怪，为何您长得一点不像外公、外婆？"我想，该发生的总会发生，只是时间问题。

面对儿子的疑惑，我郑重其事地把事情的真相告诉了他，并跟他说，正因如此，我的父母才更伟大，他们没有给我生命，却养育了我，培养了我，为我今后的人生奠定了良好的基础。无论如何，感恩大于一切。

我还特别跟儿子说了这样一件事。1992年11月，我父亲去世那天，我从长沙出差回怀化时路过溆浦，临时起意，下了车去看父母。说来也巧，母亲那天也刚从她娘家赶回。我们一家三口还有保姆一起吃了晚餐。席间，父亲还特意强调，说我的朋友多，无须住在家里。谁承想，这是我们最后的晚餐，也是他生前留给我的最后的话。当晚凌晨两点多，我在好友张似锦家接到电话——张似锦的先生在部队任职，家里有电话。等我急匆匆赶回家，父亲已经走了。我很费力地给他装上假牙，当时父亲已经僵硬，我拼命地哭喊，感觉他的肌肉变得松软。只见父亲的眼角还有湿痕，真不知道是我掉落的眼泪还是他溢出的泪水。那种悲伤至极的感觉，我至今难以忘却。当时深更半夜，天寒地冻，无法找到外人，是我给父亲擦洗身体、换上寿衣的……那个场景，时至今日都挥之不去。

所以我常常想，如果我走到了人生尽头，我不建议更不希望我的儿孙这样为我付出、为我送终，而应由入殓师来做这一切。花开花落总有时。既然人生已走到尽头，又何必给子孙增添最后的悲苦？对家庭的忠诚，对家人的爱，应来自对自己生命的热爱，让自己活得幸福而明媚。

我也常常思考自己的人生，也希望我的孩子明白，过自己喜欢的人生，才是无憾的。没有什么人生是完美的，最可贵的是，你到了一定的年龄，仍觉得无悔无憾。

比如，我的婚姻是由我主动结束的。我觉得情感有很多寄托的方式，灵魂有不同的安放的地方，不管怎么样都可以找到一个很好的出口。为什么非要找这么一个人呢？为什么要苟且于一段不喜欢的情感之中呢？

人的成功也许就是你选择了自己喜欢的一种生活方式。

就算你一无所有，从头再来，也可以过得很好，也可以过得很精彩。

三

到了我这个年龄，还能保持"少女般"的身材是让人羡慕的。其实我从来不做身体运动。我理解的"运动"包含两个方面：一是"运"，即内在的动、阅读、思考和写作都属于此类；二是"动"，即外在的动，像跑步、打球等身体的动。

我有很好的锻炼方式，如果说这周末没有外出讲课、加班等事情，我就抽半天时间，邀志趣相投的好友，有时也一个人，到环境比较好的服装店、首饰店转一转，去放松放松。服装是女人内心世界的外在表现，它的重要性一定不要忽视。要出席什么活动，头天晚上就想好第二天穿什么出场的女人，是有格调的、有品质的——实在忙得来不及准备，黑、白、灰色调的衣服，总是不会错的。

我也喜欢欣赏各种玉石，有时也会买一本珠宝鉴定方面的书来研究。我曾在西藏一个自贸市场买过"绿松石"，明明是石头，怎么会掉皮呢？原来商家只是在表面涂了一层绿颜色而已，根本不是绿松石。我很生气，怎么会出现这种情况？

后来我很用心地去学习，现在不管什么石头，至少我能知道它的品种，是青金石还是海蓝宝，是葡萄石还是粉晶，是珊瑚、南红还是碧玺，和田玉里是籽料还是青海料等等；比如翡翠之类的，至少我可以判断它的等级是A货还是B货，通不通透，有没有棉质杂质。这些有趣实用的知识，都可以通过"杂书"习得。

去年我到捷克，买了一块琥珀，晶莹剔透，非常漂亮，经过专业机构鉴定，不但货真价实，而且成色少见，十分难得。

所以，我觉得如果有时间有条件，应该了解一些更宽泛的知识，特别是教育者。因为人生是丰富的，天天教书育人，你自己内外兼修的过程，其实也是育人的过程。为什么我当时离婚后坚决要"孔雀东南飞"？20多年前，我所生活的那个三线城市，离异之人常常是被另眼相看的。人们认为，你离了婚就应该很低调，很沮丧，很丑陋，没想到我还照样以那种光彩照人的形象示人。怎么会是这个样子？这应该是一件很悲惨的事情，你为何还可以活得如此潇洒、美丽？

如果没有独立思考的精神，我也许就被众人的标准束缚住了，也活不成我自己的样子了。所以对人性的探究，是完成自我救赎的一条必经之路。我喜欢的电影、电视剧，大抵都是能深刻揭示人性的。

我不太懂得人情世故，不太喜欢跟过多的人打交道，也不喜欢过多的迎来送往。我坚信这个社会上总有喜欢干活、干事情的人。

我一直以来都是这种风格，做人做事都是向内求，而不是向外求。

我跟老师们明确说过，我们是业缘，不是亲缘。我一直倡导"你心中有工作，我心中有你"。我很清楚，一旦这种职业的关系消除，我们就"人在江湖"，相忆不如相忘。如果说他们还尊重我、惦记我，我愿意跟他们有交集；如果不是这样，我不会介入他们的生活，更不会因此而感慨世态炎凉。把这些事情想透彻，便不会因他人的一些态度变化，而影响自己的生活和心情。

如果是去旅游，尤其是去欧美等发达国家，我愿意与人同行。我们常常"私人订制"，结伴出发。偶尔也有一两个、两三个老师与我同行。回来后，我们照样是君子之交淡如水，互不打扰。

我甚至开始规划退休后的生活：一是好好保持身心健康，不给孩子添麻烦；二是好好读书、写作，继续向内寻求精神的养分——现在我已为此特别注意保护自己的眼睛，希望自己老了，还能心明眼亮；三是讲讲课，旅旅游，做做教育顾问……

四

孔子说："五十以学易。"我自感天分不够，等不到 50 岁就开始学习了。记得第一次参加《易经》64 卦学习班，讲了不到三分之一的课程，学员就只剩下我和元元了。十年过去，从台湾大学傅佩荣教授的《傅佩荣详解易经64卦》和《国学的天空》等诸多著作中，深感《易经》是一部博大精深的哲学天书，不学一定不懂，因其错综复杂，要把 64 种哲学思想、64 种人生状态、64 种管理方式内化于心；学了也不一定懂，它揭示自然法则规律；学懂并融会贯通，一定终身受用。尽管我还处在似懂非懂之间，但从中得到太多关于人生、运命甚至教育、管理的启迪。

从"八卦"的管理之道来说：乾卦——领导管理模式，主要表现为上下一致，关键是统一权威；坤卦——环境管理模式，主要表现为包容和兼顾，关键是舒畅、平衡；震卦——创新管理模式，主要表现为创始和出新，关键是激发活力；艮卦——变革管理模式，主要表现为积累和变化，关键是大胆决策；离卦——策略管理模式，主要表现为决策和定位，关键是静思固己；坎卦——形象管理模式，主要表现为外在的评价，关键是凝聚内敛；兑卦——管控管理模式，主要表现为执行和监管，关键是注重细节表现；巽卦——培训管理模式，主要表现为谦让与恭顺，关键是中层态度。

我还将乾卦解读为教师成长的节奏。乾卦指出：君子始终如一的精神是"天行健，君子以自强不息"。如何"自强不息，健行不已"？体会乾卦的含义，有助于教师规划好职业发展之路。

第一步："初九，潜龙勿用"，古指0岁到19岁，人为"一条潜藏的龙"，喻指刚走上教师岗位的人，虽具备了较系统的理论知识，但职业还未"入格"，只能以名师为镜，以前辈为鉴，默默无闻地塑造教师"雏形"。

第二步："九二，见龙在田"，古指19岁到29岁，人的才华逐渐浮出水面，初出茅庐，崭露头角。年轻教师经历了十年的适应、磨砺，将理论知识与教学实践有机结合，"立德树人"的教育种子在心中萌芽，其中会有一些教师在教材解读、资源利用、构课方式上"亮点频出"，名师由此产生。

第三步："九三，君子终日乾乾"，古指29岁到39岁，这是人生中厚积薄发的年龄。有多年教龄的教师往往会遇到第一个瓶颈期——所谓熟悉处没有风景，最初的职业热情容易在轻车熟路的教学上消退，这个时期需要有不断的思想冲击，"穷则思变"，并持守对教育教学的敬畏之心。

第四步："九四，或跃在渊"，古指39岁到49岁，这是人生成败的分水岭。因"终日乾乾"，一些教师勤勉精进，逐渐成为名师名家，形成了自身独有的教学风格和教学思想。对行政管理心有憧憬的教师，会逐渐在各部门中担当重任。更多具有使命感的教师，坚守在平凡的岗位上，桃李满天下。也有些人，因碌碌无为，甘于平庸，泯然于众人。

第五步："九五，飞龙在天"，古指49岁到59岁，这是人生最辉煌的阶段。有的教师活跃在大江南北，传播教育思想；有的身体力行，推动教育区域变革；有的著书立传，实现了从平凡到卓越的跨越。他们成为教育的领航人。

第六步："上九，亢龙有悔"，人的职业生涯与人的生命一样，总有一定期限。当我们告别讲台、告别孩子的时候，回首一生，应该尽量少些后悔，做到无愧于心。

2011年我接手坪洲小学，有幸成为创校校长。当时的第一个反应就是到

《易经》中去寻找我们的校训，寻找我们办学的灵魂，像清华大学用乾、坤两卦的卦辞"自强不息、厚德载物"作为校训一样，我希望我们的校训能成为师生们每日可反躬自问的座右铭。

小学有别于中学，更不同于大学。我终于发现《易经》中的第四卦"蒙卦"乃教育之卦，它阐述了教育思想与理念，揭示了教育规律与方法。"蒙以养正"源于《易经·蒙·彖辞》，"蒙以养正，圣功也"，正，是正道，是人世间光明之途；是正气，是天地间浩然之气。意指从童年开始，就要施以正确的教育，培养儿童端正的心性及行为；启蒙教育即为人生打底色，就是要让儿童走正道，最终成为正人君子。"蒙以养正"作为一所新学校的校训简直是完美无缺。

一个词，似乎略显单薄，总感觉缺了点什么，再次到浩瀚的卦辞中去探秘，第十三卦"同人卦"映入眼帘。"文明以健"源于《易经·同人·彖辞》，"离者，明也；乾者，健也。既明且健，同和于人，谓之同人"，意指君子禀性明朗而又强健，是对君子生命力的赞美。"文明"，是符合天道自然内在运行规律的社会形态，是符合道德伦理的言行和品格。健，蕴含身体健康、体魄健壮、心灵强大之意。这正是我们需要的德行文明、身心健康的城市人、现代人、国际人的素养。"文明以健"紧随"蒙以养正"，简直天衣无缝。

天下第一卦"乾卦"卦辞中的"元、亨、利、贞"说明了凡事均"有序"的自然、社会规则。任何人、单位乃至工作项目，都应有这四个重要环节。首先是"元"，要有一个良好的开端，要率先确定团队目标或工作目标，制定可实施的方案。其次在实施过程中要有"亨通"之道，排除任何阻碍团队建设或工作进展的负面因素。最终要守得住"元、亨、利"的成功，做到善始善终（贞）。

"坤卦"六爻均为阴爻，有至顺、包容、承载之功能，在团队建设中有助手、副手之象。乾、坤两卦寓意天与地，自然没有孰先孰后，二者是同生同灭的既对立又统一的两个卦，之所以将乾卦放首位，旨在以阳为刚健、主导，坤为顺从、辅助，并不是指时间上的先后顺序。

乾、坤代表世界是阴阳平衡的，其实人也是阴阳平衡的。当我们离职业的终点越来越近的时候，不管是从体能还是心态上都会慢慢地从"阳"转入"阴"。当然，这个"阴"不是消极无为怠工而是做回本真自我。文字是人写出来的，生命却不是写出来的，而是活出来的。活出阳性的人，喜欢出发，喜欢离开，喜欢一生都有梦想；活出阴性的人，喜欢停留，喜欢长久，喜欢安定、缓慢地流淌。

每个人都有"八字""四柱"，如果以一生为例，一般孩子、青年人常有梦想、憧憬，喜欢谈未来，喜新厌旧；而中老年人喜欢回忆、内进，喜欢说往事。当然，不管人生如何移动，始终是活在自己的太极里。通过《易经》可以看世界，也可以看自己的人生，同时通过了解自己来了解世界。

如果世间真有轮回，彼此相遇也未必相识。那么，我们有幸在文字间的相逢就是天地间冥冥之中的安排。当你我在一起的时候，一切都已经注定，一切都变得美好。

2019 年 1 月于深圳

图书在版编目（CIP）数据

通往卓越：一个深圳校长的教育人生/张云鹰著.—上海：华东师范大学出版社，2019
 ISBN 978－7－5675－9490－6

Ⅰ.①通… Ⅱ.①张… Ⅲ.①小学—校长—学校管—深圳 Ⅳ.①G627.1

中国版本图书馆CIP数据核字（2019）第146251号

大夏书系·教育人生

通往卓越
——一个深圳校长的教育人生

著　　者	张云鹰
策划编辑	林茶居
特约编辑	刘艳春
审读编辑	万丽丽
封扉设计	吴元瑛

出版发行	华东师范大学出版社
社　　址	上海市中山北路3663号　邮编　200062
网　　址	www.ecnupress.com.cn
电　　话	021－60821666　行政传真　021－62572105
客服电话	021－62865537
邮购电话	021－62869887　地址　上海市中山北路3663号华东师范大学校内先锋路口
网　　店	http://hdsdcbs.tmall.com

印 刷 者	北京季蜂印刷有限公司
开　　本	700×1000　16开
插　　页	1
印　　张	15.5
字　　数	223千字
版　　次	2019年9月第一版
印　　次	2023年10月第六次
印　　数	17 101－18 100
书　　号	ISBN 978－7－5675－9490－6
定　　价	48.00元

出版人	王　焰

（如发现本版图书有印订质量问题，请寄回本社市场部调换或电话021-62865537联系）